王小朋
霍宏伟

主编

天香如绣

文物出版社

图书在版编目（ＣＩＰ）数据

天香如绣：王绣艺文六十载 / 王小朋, 霍宏伟主编
. -- 北京：文物出版社, 2022.10
ISBN 978-7-5010-7114-2

Ⅰ. ①天… Ⅱ. ①王… ②霍… Ⅲ. ①王绣 - 传记
Ⅳ. ①K825.41

中国版本图书馆CIP数据核字(2022)第039367号

天香如绣

王绣艺文六十载

Reminiscences of
Wang Xiu's 60 Years
Art Life

主　　编　王小朋　霍宏伟
责任编辑　王　戈
责任印制　王　芳
装帧设计　雅昌设计中心
出版发行　文物出版社
社　　址　北京市东城区东直门内北小街2号楼
邮　　编　100007
网　　址　http://www.wenwu.com
经　　销　新华书店
印　　刷　北京雅昌艺术印刷有限公司
开　　本　635mm×965mm　1/8
印　　张　30.5
版　　次　2022年10月第1版
印　　次　2022年10月第1次印刷
书　　号　ISBN 978-7-5010-7114-2
定　　价　680.00元

编委

王　绣　王晓辉　张建京　王小朋　霍宏伟

孙梅芳　王晓鸽　BBE（李毅哲）　梁菲菲

方文正　张歆钰　余子愚　杨亚丽　刘　亮

摄影

BBE（李毅哲）　王雪峰　王豫明　牛　珂

王绣，第十二、十三届全国人大代表，中国女画家协会顾问，河南省美术家协会顾问，洛阳市文联名誉主席，洛阳博物馆名誉馆长，洛阳市美术家协会名誉主席，中国美术家协会会员，国家一级美术师，享受国务院特殊津贴专家。

美术作品曾入选"全国首届中国花鸟画展""全国第八届美术作品展""中国当代牡丹书画艺术大展"等并获奖。作品由文化部选送泰国国王行宫"淡浮院"陈列并收藏，且多次作为国礼赠送日本、印度、新加坡、法国等国家元首。部分作品被故宫博物院、钓鱼台国宾馆、首都新机场以及日本、韩国等国博物馆陈列并收藏。

出版图书《洛阳汉代彩画》《洛阳两汉彩画》《牡丹雅韵——王绣牡丹绘画精品》《中国牡丹画技法大全》《牡丹画教程》《国色丹青》《翰墨天香》《国香》《洛阳文物精粹》《洛阳博物馆五十年》等，并应邀多次出访国外，举办展览和讲学。

目录
CONTENTS

　　我与王绣先生师出同门。先生 20 世纪 60 年代就学于哈尔滨师范学院（今哈尔滨师范大学）艺术系，业成后离开北国冰城，南下古都洛阳，秉"敦品励学、弘毅致远"之校训，以"行知精神"，扎根河洛热土五十载，于文博于艺术诸事业中之成就蜚声海内外，成为母校杰出的校友，学子慕效之典范。

　　而今海内承平日久，画坛流派纷呈，名家辈出，各具风流。然以牡丹绘事独步于世，得其神髓者，唯王绣先生；又以致力文博，躬亲敬业，成就作为者唯王绣先生。由是观之，先生懿范，令人景仰。

　　牡丹称"国色"，自古而然，如今更盛。大抵国人之爱，在其绚烂典雅、雍容华贵之姿；在其富丽而不妖艳、拔群而不凌傲之态；在其蓄生机于铁骨，让诸芳而后凋之质。可谓盛世气象，汉唐遗风。故乱世多林泉隐逸之作，盛世多牡丹仕女之画。东晋顾恺之作《洛神赋图》，已有牡丹立于河畔。北齐杨子华以牡丹画传世，引元稹三诗而折腰。隋帝开西苑，集牡丹名品于其中。李唐以来，世人皆爱牡丹。自刘禹锡"唯有牡丹真国色，花开时节动京城"之后，已无他花可与牡丹争艳。牡丹之坚韧蓬勃，可作民族精神之象征。王绣先生有感于此，积极传播牡丹文化，普及牡丹艺术，推动牡丹以法律形式入主国花，以人大代表之责，感民生、言民意，鼓呼于艺术与文博之间，奔波于民事与民愿之中，俨然幻化为一株坚毅而常青的牡丹。先生自身亦是牡丹风采之写照、精神之载体。

唐中书舍人李正封诗云"国色朝酣酒，天香夜染衣"，是以"天香"誉牡丹之始。宋人辛弃疾又以"天香夜染衣犹湿，国色朝酣酒未苏"之句入词，概"天香"之誉，可补"国色"之不足。王绣先生告别马迭尔大街，大半生居于洛阳王城之地，此为牡丹之乡，有甲天下之誉。先生寄情于此，耳濡目染，对牡丹风姿有着独特的见解，加之勤于写生，巧于构思，辅以深厚学养，笔尖毫端自成韵致。绘事六十载，写尽万千花，如今以八旬高龄，仍楷范于后学，笔耕于画坛，扬天香美名于四海，当称洛阳牡丹之使者，城市文化之旗帜。

"天香如绣"，诚哉斯言。

先生生于白山黑水之间，在这里受到了中西方艺术交融的启蒙，深爱着艺术的她对这片厚土也有着沉实之爱。她以青春蓬勃之年，带着艺术理想来到洛阳，就职于文物系统，开始了她为之奋斗的文博与艺术事业。囿于摄影设备短缺落后，她用手中的画笔，翔实丰富地记录下古代洛阳的辉煌与成就，可读可观的史实史料悦目而铭心。洛阳是十三朝古都、丝路起点之一、隋唐运河中枢，文化积淀厚重，历史遗存丰富。她发挥专长，相继参加了洛阳东周王城战国车马坑、四座汉代壁画墓、隋唐洛阳城含嘉仓与天堂遗址、元代白马寺住持龙川和尚墓等考古工地的发掘工作，绘制、临摹了一大批珍贵的文物复形、壁画复制、图案整理、文物资料等等，编写了《洛阳汉代彩画》《洛阳文物精粹》《洛阳两汉彩画》等多种文博书籍。就任洛阳博物馆馆长期间，王绣先生通过不懈努力使该馆跻身为国家一级馆，十大文物精品陈列等项目引人瞩目，作为一家地市级馆可以说是成绩斐然。她曾据理而论，与文物共存亡的陈词，使洛阳至宝存展河洛，可谓功德无量。浩浩洛水之间，绵绵邙塬之上，留下她艰辛而追求的足印，为传承弘扬河洛文化做出了不可磨灭的贡献。关东女，河洛郎。洛阳，成了她的第二故乡，她也越发热爱这里的一切。作为闻名天下的牡丹城，洛阳自古以来就有赏花、簪花、写花的民风，却少有丹青妙手，能将牡丹之美传神地表达给世人。在工作之余，王绣先生倾注大量心血于牡丹绘画技法和表现力上，开创出一条与众不同的艺术之路。先生深谙"牡丹有王者之号，冠万花之首，驰四海之名，终且以富贵称之"，故经年绘事，常居于花丛，观乎花态，写诸花间，思至毫端，作品赋彩明艳、富贵雍容。自古多有丹青妙手写牡丹者，或富贵与野逸，或伯年与雪涛，风格纷呈，经典列列，而王绣先生融会为艺，独得牡丹雅俗共赏之意趣，雍容典逸之风神，亲和而典雅，明丽而娇美，光影花叶，虚实枝丛，融入水彩画表现之技法，呈现出鲜明的个人艺术风格与独到艺术特征。"天下无双品，人间第一花。"今天洛阳的牡丹画派，已经独具风格，渐渐崛起，恰恰是先生博采广纳、汲取众长、外师天香、中得心源、开风气之先、领时代潮流的结果。以王绣先生笔下牡丹之风范，喻大国盛世气象，可谓天作之合。

此次王绣先生嘱我作序，特意发来书稿，从中可以看到先生奖掖后学、提拔新人的故事，看到她一片赤诚、奉献青春的故事，看到她倾心天香、妙笔生花的故事，看到她在不同时期的代表作品。更为难能可贵的是，书稿以十年为一个阶段，收录了不同阶段的许多图片，既有生动的时代感，也有珍贵的史料价值。展卷捧读，思慕良多。

王绣先生从事艺术、文博工作的六十年，也是中国现当代美术与文博事业快速发展的六十年。因此，她的经历，可以说是现当代美术与博物馆发展史上难得的标本，从她的个人经历可以看到我们国家强大、社会发展、文艺繁荣等方面的进步。为她秉笔作序，既是出于同门之谊，又有文艺工作者的责任感驱动，我义不容辞，与有荣焉。

愿天香如绣，雍容坚韧，日月相晖，灿然春光。

中国国家画院院长
中国艺术研究院博士生导师
辛丑年冬月于中国国家画院

風起青蘋

兄妹三人

记忆的碎片，
遥远而清晰

人无形的收藏就是记忆。岁月永不回头，但我们可以回望生活。对一个人来说，八十年时间太过遥远，许多记忆已被岁月的风雨销蚀成碎片，但有些记忆如刀刻斧凿般让人永生难忘。

姐姐王绣，小名叫"小丫"，是家中唯一的女孩，也是我们兄弟姐妹中最有个性的。

记得姐姐小时候就爱画小人，特别是画小美人，比如手扶头上水罐行走的印度美女，还有世界著名童话中的一些小美女。姐姐把她们画在一张张硬纸卡上，每天她作业的桌子上堆满了这样的小画片。当时流行一本书《越南南方的来信》，里面的插图都被她临摹过。在那个"学好数理化，走遍全天下都不怕"的年代，家长都注重孩子学好文化课，但我姐却不爱数理化，偏科偏得厉害，妈妈让我监督她（我俩在同一个年级），帮她补习数学。可每次我给她留下作业回来检查时，她总是作业没做完却画了许多小人，有好几次气得我到妈妈那去告状。现在回想起来，也许姐姐正是在这些画中为自己埋下了热爱美术的种子，后来它开了花，并结出了硕果。这也应了杜威的一句话："兴趣，是才能可靠

的征兆。"

念初中时，姐姐在哈尔滨第十七中学。由于她爱画画，参加了学校的板报组，是组里最活跃的成员，也是骨干。那时，一个学校的板报是学校的门面，办得好就是学校的名片。十七中的板报是全市中学里办得最好的，是十七中一道靓丽的风景线，学校也重视，其他学校来参观的人不断，姐姐也因此成了学校的"人物"。十七中板报的文字内容不归姐姐管，但每期的报头、美术字、设计版式、插图等任务，都由姐姐负责。姐姐大概也是出于对这项工作的热爱，办得非常上心。每期都有新点子、新花样，总让人耳目一新。每次更新的黑板报前，总是挤满老师和学生，他们边议论边赞赏，姐姐有时也挤在其中，听听赞美的话，用她的话说，那种成就感像甜甜的蜜一样溢满心中。周末板报需要更新，星期六放学后和星期天姐姐就会特别忙。有一

与哥哥小时候

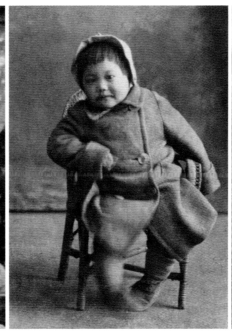

小时候

父亲、母亲与哥哥合影

次，她放学很晚还没有回家，当时没有电话，妈妈让我去学校查问，原来她们组里有个成员生病没来，她就一个人干了俩人的活，一直干到很晚才回家。

大学阶段，姐姐在哈尔滨师范学院（现哈尔滨师范大学）艺术系学习。上学期间，我姐曾一人完成了黑龙江省博物馆门前的《毛主席挥手我前进》的大幅画像。那画像大小是我姐身高的四五倍，需要在建筑工人搭建的脚手架上左右上下来回走动作画，而且当时没多少人敢画毛主席的画像，怕画不好会"吃罪"。可就是这样，我姐人小却自信满满，再加上胆大能吃苦，敢画大画，愣是给完成了。这让我当弟弟的也着实自豪。每当我和哈工大的同学走过这画像时，我都骄傲地和他们说："这是我姐姐画的。"

也许女孩和男孩有先天的不同，会照顾人。我哥和我贪玩，除了学习根本不管家事。

当时我妈是市优秀班主任，多年被评为市劳动模范和省、市先进教育工作者，大部分时间和精力用在事业上。姐姐见父母忙，就主动帮助妈妈干家务，除了洗洗涮涮打扫卫生，她怕我们挨饿，很小的时候就学会了做饭，成了妈妈的好帮手。妈妈称她是能干的"小丫"。

记得有一次，妈妈很晚还没回家。姐姐干完家务活，把饭又热了一下，然后约我和哥哥到学校给妈妈送饭。我们到了学校收发室，门卫通知了我妈妈。妈妈见我们三个都来了，还以为发生了什么事呢。结果一听姐姐说"妈，给你送饭来了"，高兴地拍着我姐的头说："小丫真乖，谢谢你啦。"

我家并不富裕，但父母都有工作，算是中等生活水平的家庭。妈妈每月都给我们一些零花钱，怕没带饭买些小吃或买些文具。当时，我就爱攒着不花，而我姐总是很快就把钱花得精光，落了个"爱花钱"的名声。记

兄妹三人在松花江边合影　　　　　　　　　　　兄弟与母亲合影　　　　　　　　　　母亲、哥哥与王绣合影

得妈妈追问过她，钱都花哪去了？开始她不说，被妈妈逼急了，才说出了实情。原来，班里有个女同学因为家里生活困难，中午经常不带饭饿着肚子，我姐就常给她买饭吃。妈妈听了后不但没责备她，反倒称赞她心眼好、做得对。

姐姐非常乐于助人。读小学时听妈妈说老舅家缺人手，小表妹在家无人看管，于是放了学她就去老舅家帮看小表妹。放暑假一个多月都没回家，帮老舅一家忙前忙后。后来，我老舅、舅妈回忆起那段日子时说："多亏了绣，才帮我们渡过了难关。"

小时候，记得妈妈最爱帮助有困难的人，特别是同事和邻居。我姐最爱干的差事就是帮助我妈给别人送东西，她总抢着去干，不管是在做作业还是干别的事，都会放下手里的活儿马上就去，而我和哥哥则磨磨蹭蹭不愿去。可能也正因如此，姐姐练得腿脚非常快，而且在给别人东西中自己也享受了给予的快乐！

时隔多年，对姐姐这些零零碎碎的记忆，遥远而清晰。

（王纶）

流年碎影一甲子

《丁香花》
26 厘米 ×21 厘米
水彩
1965 年

我和王绣是"发小"。上小学时我们都在重点小学——哈尔滨花园学校。我们俩有相同的爱好，喜欢画画，特别喜欢画金发碧眼的俄罗斯小美人，画白雪公主。不仅如此，我俩还喜欢做小美人：先用纸板画出小美人，然后把她再剪下来，用花花绿绿的透明不透明的糖纸做成各式连衣裙给她们穿上。我们觉得这很好玩，给生活带来了许多快乐。

我们的美术老师叫陈地，他常组织我们美术小组参加市里举办的绘画比赛。记得王绣的一幅《向往蓝天》获一等奖，画面是一个英俊、威武的飞行员，穿着航空服，戴着航空帽，眺望广阔的蓝天。我画的是三个穿乌克兰民族服装的小姑娘，跳乌克兰舞，花冠后的彩带飞舞着，因为我喜欢跳舞。

她是美术小组的小老师

初中毕业后，王绣考入十三中，我考入一中，都是重点校。我们虽然不在一个学校，但却常在一起画画。十三中有个美术老师叫白崇山，浙江美术学院（现中国美术学院，后文简称"浙美"）毕业的，画技水平高，对学生非常负责，跟着他学习素描和色彩进步都非常快。白老师上课有个得力小助手就是王绣。因为王绣画得好，结构好，比例准，虚实处理细致，老师不在时，她自然就成了大家心目中的小老师。

十三中的美术小组，因为师资强，学生基础好，大多都考上了美术院校。

1962 年，全国大专院校的美术专业贯彻国家"调整、巩固、充实、提高"的八字方针，都不招或缩减了招生名额，当年的高考比往届都难。哈尔滨师范学院（后文简称"哈师院"）艺术系美术专业在 800 名考生中只录取 18 名，王绣和我都幸运地考上了，而且同分到 621 班。当时的哈师院是黑龙江省唯一招生的大学。我们同届十三中美术小组的同学也都无一例外先后考入不错的学校：孙为民考上了中央美术学院附属中学（后为中央美术学院副院长），黄定江考上了鲁迅美术学院附属中学（后文简称"鲁美附中"），陈肇鸿、史成忠、张光复、黄同江等都考上了哈师院和鲁美附中。

她和我都有喜欢臭美的小资情调

刚入大学时，我们的心里充满阳光，看天天蓝，看水水清。再加上好朋友又分到了一个班，别提有多高兴。那时候，我们互相关怀、互相帮助，有好吃的东西不分你我，有好看的衣服彼此换着穿。还常别出心裁地自己设计衣服，然后穿在身上，到处臭美。当时，王绣有台海鸥牌照相机，我俩常结伴出行，去拍哈尔滨的风光，去画松花江的日落、去画教堂、去画霓虹桥、去画俄罗斯小青年。王绣在江边画速写，常被人围观，有的俄罗

斯老大妈不时伸出大拇指说：哈罗少！（俄语，好的意思）王绣的画造型准确、色彩饱满丰富。记得当时，她最喜欢的是俄罗斯油画，没想到后来在写意牡丹上大放光彩。

也有过失望

记得大学二年级的时候，朝鲜重要领导人崔庸健在我国国家主席刘少奇和夫人王光美陪同下来哈尔滨参观，市里组织人夹道欢迎。学院要求女同学穿白衬衫、花裙子。由于美术专业女同学外地多，穿着朴素。我和王绣是本市的，就回家拿了一包各色的裙子，分给大家穿。可后来通知下来，不让我们俩去了。这可把我们气哭了，一气之下把校徽摘下来扔到了二楼窗外树下。为什么不让我们参加？想来想去，大概就是认定我们有"小资"情调，政治上不可靠吧。

后来，西哈努克亲王和莫尼克公主来，同样没有我们，以至于后来有什么欢迎活动我们都不再抱什么希望了。

在与同学李伟华合作的《毛主席革命文艺路线胜利万岁》前留影（1968 年）

在自己画的毛主席像前留影（1966 年）

自我改造的机会来了

大学时，正赶上全国开展学雷锋活动。王绣和我觉得自我改造的机会来了，我们学雷锋做好事，给生病的同学买油条，送生活困难的同学鞋和衣服，把多余的饭票给男同学用。可就这样，我们还是没能入团。

1965年，大学生参加农村社会主义教育运动（即"四清"，后文简称"社教"）。我们想这回机会又来了，一定要好好改造思想，提高阶级斗争觉悟，争取火线入团。

我们穿上了最朴素的宽衣大褂，把带着闪光的丝绸被面也扒下来，换成棉布的，然后穿上胶鞋去农村参加社会主义教育运动。我们师院艺术系三、四年级学生和牡丹江市各县抽调的干部编在一起，进驻宁安县江东公社。进驻公社的称分团，进村里的称工作队，每十个生产队派进一个工作组。王绣工作很要强，同男同学和青工队员一起上山砍小杆，还深夜骑马往社教分团送材料，也参加内查外调工作和找"四不清"干部谈话。我

因胃不好，不适合吃"百家饭"，被安排在食堂，起早贪黑地给大家做饭。社教工作队的团组织看到王绣和我工作很努力，也能和贫下中农打成一片，同意我俩入团。入团介绍人叫李景芳。在我们回校整休时，他把批准我们入团的材料交给了系团总支，但不知什么原因没下文了，材料也没入档，还让我们继续批判自己的资产阶级思想，这让我们很受挫折。

社教结束不久，学校"停课闹革命"。王绣和我被派出去搞展览，写写画画，远离了派系斗争。我们先后搞了"社会主义教育运动展览""纪念毛主席延安文艺座谈会25周年"等展览。

通过搞展览，我们补上了写大字块和仿宋体这一课，学习了画插图。

王绣有个"毛病"，就爱买单

王绣有个"毛病"，就爱买单。只要跟她上街吃饭，买单的总是她，从小就有这"毛

哈尔滨市第三中学中美术小组合影（前排左二为白崇山）

《年货》 17厘米×24厘米 水彩 1964年

病"。这跟有钱没钱没关系,这是一种做人的豪爽与大气。小时候在江边画画、写生,特别是在十三中画素描时,中午饭都是她买饭,给我买,也给困难的同学买。

如影相随

我与王绣从小到大如影相随,直到毕业后,我随夫君去了北大荒(后改为生产建设兵团),她后来去了洛阳,没想到一晃就是几十年过去了。

在北大荒十一年,我在学校组织去看电影的时候随学校去了一趟虎林县城。在加演的纪录片中,我见到了王绣,她正在汉墓里画壁画,穿着白衬衫、蓝卡其布外衣,还是梳着在大学时一样的短发。

我回哈尔滨也是有限的几次,竟然与她遇到三次,一次是在孙其峰先生花鸟画学习班上,一次在霓虹桥上,还有一次是在哈医大住院处门口,当时她母亲住院,我便同她一起去护理老人。在病房里,我们又重温小时的梦,这回不是画小美人,而是做小美人。我们做了马克思、燕妮的软浮雕头像,招来不少病友和护士来学。

时间太快,记忆太多,留在脑海里的,就是我和王绣流年碎影一甲子的"芝麻和谷子"。

(朱延龄)

与同学朱延龄合影

初中、高中美术小组合影

心直口快的故事

1962年的高考，东三省想考美术专业当画家的考生都傻了眼。那一年，中央美术学院和鲁迅美术学院都不招生，唯一招生的是哈尔滨师范学院艺术系，当时报名的有一千多人，审查后参加考试的也还有八百多人，录取名额却只有十几个。没有点真本事的人，还真不敢上考场。现在回忆起来，恐怕只有王

绣是抱着"无所谓"的心态上考场的。因为她说过自己的人生理想是当画家，根本没想当老师。她只是把上考场看作是对自己美术水平的一次测试，体验一下感觉。她心中的目标是专业美术院校！

考试先是考素描，画石膏人像，教室摆放的有古希腊阿克雷巴，还有维纳斯、拉奥孔。王绣画的是阿克雷巴，因为它不大好画，更容易看出考生的水平，况且在高中美术小组里王绣画过，心里有底。凭着敏锐的感觉，王绣很快就把大形抓出来了。她记得很清楚老师说素描最重要的是形准，抓住黑白明暗对比，抓住大的感觉就可以了。再加上监考老师不时走过来，看看画，对她点点头，能感觉到是肯定的意思。按捺不住沾沾自喜的心情，她站起来到后面从远处看看自己的画，然后好奇地扫了一眼周围考生的画，感觉不如自己的，忍不住有点小得意。

接下来是色彩，画静物。这是王绣的强项，高中时静物写生练习也比较多，所以在水彩上，她觉得自己绝对占优势。看看周围的考生都不太会画，她的心态更加放松，一落笔就进入状态，画面色彩感觉很好。环视左右，不仅她认

高中时期

1961 年高中全班合影（二排左三为王绣）

为自己画得最好，连监考老师竟也在考场公开表扬她的画："很好，很好。"

第三科是考创作画，要求要有情节。王绣最喜欢小说《青春之歌》里的主人公林道静，于是就画了林道静在学生中间演讲的场面：一群人背着脸，仰着脖，围着林道静。林道静穿着旗袍，围巾在脖子上向后一甩，非常潇洒，头发在风中飘舞，手举着向前，面部表情很美，完全是按照小说中描写的林道静那种青春、美丽、阳光的感觉来表现的。之前，老师专门讲过如何画连环画，所以她对人的比例造型和构图一点都不陌生，画起来得心应手。即便是这幅画很像连环画中的一个画面，并不能称得上完美，但她自认还算

满意。

最后一门是考书法。书法就不是她的强项了，毛笔字几乎就没有练过，王绣仅仅考了个及格。

就这样，王绣顺利地通过初试，进入复试的面试环节。不知面试什么内容，王绣也压根儿没做什么准备。一进考场，看到五位老师坐在那里，王绣居然一点都没感到紧张，反而一副胸有成竹的样子，让考官们印象很深刻。

主考官王秀成老师问王绣："你父母是做什么的？兄弟几个人？"

"我妈是老师，爸爸在工厂车间里工作，哥哥读吉林工大，弟弟今年也高考，他们俩

哈尔滨师范学院艺术系读书时下乡劳动（1963年）

与李霞萍在果园农场合影（左为魏鸿蕴、中为李霞萍、右为王绣，1963年）

《横道河子》（大兴安岭写生）

27厘米×37厘米

水彩

1965年

学习都好。我数理化学得不好，文科还凑合，我就喜欢画画。"王绣实实在在、一五一十地回答。

王老师又问："你为什么要报考师范学院？"

"我原想报考中央美院和鲁美，想当画家，他们不招生，只有师院招生，只好报考了。"

"你愿意当老师吗？"

"我妈是老师，学生可多了，挺操心的，很累。我只想当画家，不想当老师。"老实的王绣说的句句都是心里的真话，一点儿都没有想到像其他考生那样说自己从小就喜欢当老师，教师是人类灵魂工程师之类的理想化答案。而事实上王绣的确说的是实话，当时社会上是有一种认知："家有三斗粮，不当孩子王。"

主考老师听完王绣的回答，似乎在认识上出了点歧义，开始交头接耳商量起来，但最后的结果是王绣还是被录取了。一直到后来，系里老师对王绣透露："当时差点就准备不录取你了，你文化课成绩有两科不及格，有一科六十分，只有语文考得不错八十多分。而当时其他录取同学的文化课，几乎都比你好，再加上你自己说不愿意当老师，只是最后考虑到你的专业课的确很优秀，王秀成老师拍板说收你，这才录取了。"也就是那一次，让王绣有生以来第一次体会到了说真话的危险。

记得季羡林老先生有一句著名的话："假话，全不说；真话，不全说。"率真的王绣当时一定不解这话的深奥。后来，王秀成老师这样对王绣说："你画得很好，有灵气。另外，你很诚实，很坦率。所有来面试的学生你是唯一一个说真话不想当老师的，就冲这点，我看好你。"后来，王绣说，想起来真是有点后怕，如果不是遇到王秀成老师这样的"伯乐"，她有可能就因为那句真话被挡在大学门外了。

时隔多年，入学的这段插曲，依然让王绣终身难

与老同学付德林夫妇在镜泊湖合影

2021年和大学同学赴宁波看望李霞萍老师

哈尔滨师范学院艺术系第一届本科生部分同学合影

忘，因为那是她第一次发现，说真话也是有风险的。西方人常说："撒谎是上帝最不可原谅的过失。"而有些人却喜欢把撒谎当做是一种达到目的的手段，这是很悲哀的。

经历这样的有惊无险，入学之后的王绣很快就在同学中脱颖而出，频频"露脸"了。当时系里经常办板报展览，名叫"新苗"。王绣的画时常在那里展出，总是引来同学的围观。

多年以后的王绣，在回忆起这段经历的时候，还会念念不忘感恩王秀成老师，如果当年不是因为他把讲真话、诚实看成做人最重要的品质，王绣的人生也许就将改写了。

想当个画家，却读了师范，读了师范，最后却又成了画家。命运跟王绣开了个善意的玩笑，最终给了她一个美好的结尾。王绣的故事，也再一次告诉我们：人生，当没有直路可走的时候，走点弯路也不怕，你所苦苦追求的，也许就在前面等你拥抱！

（付德林）

我所知道的王绣

五十多年过去了，至今，我还保存着王绣的一幅女孩速写。

每当查阅资料、翻动东西，看到王绣当年送给我的那幅女孩速写，大学生活的往事就历历在目……

大学，我和王绣都在哈尔滨师范学院艺术系，记得当时我们班不少都并非心甘情愿来这里的。当时我们高中毕业时都想考取美术院校，将来成为一名画家的。可是这一年正赶上国家贯彻"调整、巩固、充实、提高"八字方针，全国各高等艺术院校皆不招收应届高中毕业生。一直挨到临近全国统一高考一个多月前，才只有哈尔滨师范学院艺术系美术专业有招生名额。当时的同学们大都是在这种情况下考入该系的。记得同学张连贵说起这件事时，还提到当年他的高中老师责怪他：你外语学得那么好，考个外语学院没什么问题，干吗非得考哈尔滨师范学院？我在初中毕业时，就有任课老师建议我报考哈尔滨师范学院艺术系。那时候艺术系还是大专，我不愿意将来当老师，就没有报考，被保送到高中。没料到高中毕业又遇到如此情况，最终还是无奈地报考了该系。

我们是 621 班。其他几个高年级班的学生是初中毕业考进来的，学制四年，学历是大专。另外几个低年级班的学生是高中毕业考进来的，学制三年，也属于大专。只有我们班是在"文革"前招生，是学院美术专业唯一的一届本科生，所以，我们都很清楚我们在系里的地位和角色。当时系里的领导为防止我们翘尾巴，经常大会小会用话敲打我们，说什么"你们虽然是系里唯一的本科班，但不要老有优越感啊"，并且还告诫我们"要杜绝成名成家思想的滋生。"不断给我们灌输将来当教师的目标理想，甚至还时常会冒出些令人费解的话，比如"你们的专业水平已经够啦。不用再学也可以胜任中学教师了"云云。那时的我们都很听话，无论外界说什么，我们都会默默接受。但，每个人心中始终有些无法化解的情愫在别别扭扭地躲闪存在着，仍旧怀揣着一个不可泯灭的美好梦想——将来当一名画家。

当时，班里十八名同学，只有王绣、朱延玲、魏鸿蕴三名女生。几个单元课程过去，同学们各自的专业水平和艺术禀赋便显露出来。王绣给同学们比较突出的印象：一是专业

杨莎老师为大学时代王绣画的肖像

学习有悟性，进步快；二是画课堂作业，对描绘物像的感觉好，尤其是色彩感觉敏锐。

当年，美术专业各个班级都办起了学习园地性质的墙报，不定期展出班级同学的习作、速写等之类的作品。我是我们班墙报的热心参与者。有一期墙报展出了王绣的一幅速写，画的是一个梳两根小辫儿、身穿花衣裳、端坐着的小女孩，画得很有味道，我很喜欢。在撤换这期墙报时，我索性向王绣开口提出能否把小女孩的速写送给我，她爽快地答应了。随后，我也把自己比较喜欢的一幅水彩画送给了她，以示礼貌。我的那幅水彩画画的是松花江岸边停泊的小舢板，船尾下有粼粼碧波的倒影。

这幅女孩速写充分显现出了王绣画画的灵气、才气和艺术潜质。艺术潜质是艺术家理应具备的，一个艺术家要想在事业上获得成功，就要挖掘自己的艺术潜质，发扬自己的艺术潜质，王绣即是如此。

现如今，王绣已然实现了自己年轻时的理想，真正成长为中国画坛上一位名家了。

王绣画"魏紫"牡丹

2006年初春，我随同北京、陕西、山东的画家去云南丽江采风，返回途中，到河南洛阳停留了几天。一是探望老同学王绣，二是看看洛阳的古代遗迹。王绣给予我热情周到的接待和安排。由于她当时正忙着博物馆里的工作脱不开身，就委托王耀辉同志陪我到各景点浏览。一天下午，没有安排外出活动，我就同王绣一起来到她的工作室。她先是接受《人民日报》人民网"书画栏目"主编李德哲先生的采访，然后又开始着手为一个画展复制她2004年创作的《春满乾坤》。画面并非惯常的折枝花卉，而是上边一条留白，下方一点空隙，浓重的枝叶衬托着层层淡紫色的"魏紫"牡丹铺满画面，营造出一种充满活力、跃动的艺术氛围，传达出作者深层的情感和思考。我很少见到画牡丹如此的图

初中同学三人在冰雕桥上留影（左一为
姜美兰，中间为田敏茹）

初中同学合影

形组合和构图章法，那种视觉感染力呈现出一种全新的艺术境界。

我一边与王绣闲扯，一边翻阅她的画册出版物，一边还时不时地观看她画画。但见她一笔接一笔，笔端在宣纸上捻来剔去，不同方向的花瓣就层层幻化出来。不一会，朵朵花冠、簇簇牡丹就跃然纸上。看她画得熟练，画得精妙，画得爽快，我的心里忍不住感慨：我用了许多时间编辑这个书、那个集子的，整日里为他人做嫁衣，究竟有多大的意义？我的绘画能力也不差，可是多年来挑灯熬夜"爬格子"，没画出几幅画，值不值得？我真的有些怀疑了……但转念一想，既然选择踏上这条路，已经到这把年龄，也只好坚持走下去！

那天在画案旁，随着我一本接一本翻阅王绣的画集，也一层又一层加深了对这位老同学的了解和认识。她走过了一条顺其自然而又艰辛曲折的艺术创作之路。说顺其自然，是她大学毕业落户到洛阳牡丹城，成为河洛的女儿，顺理成章画起万花之王的牡丹；谈艰辛曲折，是她舍弃偏爱的油画，投身中国画创作，执着坚定、奋力拼搏、战胜困难、不懈追求，最终取得了可喜的成绩。

临近傍晚，画作复制一多半，王绣放下手中的画笔："老同学，我简单收拾一下，咱们一起去饭店，我们全家给您设晚宴。"她热情地对我说。

一位优秀的文博专家

近来，翻阅到由"边缘·艺术工作室"出品的《边缘·艺术》（2013年第4期）刊登的一篇关于王绣临摹古代墓室壁画的《我始终保持着激情》的访谈。我本人是一名从事壁画创作实践和理论研究的工作者，自然对这篇文章格外感兴趣，急于知道文中到底谈了些什么，便一口气读完了。由此，我对王绣又多了层了解。大家都知道的是王绣以画牡丹著称，其实她还是一位多年致力于洛

2022 年在哈尔滨美术馆与同学合影　　　　　　2022 年大学同学聚会合影

阳地区文物保护和研究工作的优秀文博专家。

从 20 世纪 70 年代到 80 年代中期，她有十余年都在洛阳古墓的发掘现场，以临摹的手法，来保存古墓壁画以及其他文物资料。光是她临摹过的就有西汉卜千秋墓《太子升仙图》、东汉壁画墓《夫妇宴饮图》、西汉壁画墓《升天图》、《二桃杀三士》等许多壁画和砖雕《大傩舞蹈图》。由于搬迁移址，又缺乏科学保护方法，不少壁画的色彩已经消褪，王绣的墓室壁画摹本显得更加弥足珍贵。

看王绣的这些壁画作品，并非简单的复制临摹，其本身就具有强烈的艺术感染力，这也体现了王绣作为一名艺术家对这些古代艺术的深刻阐述和再现。

（于美成）

《苏联侨民小巷》
23 厘米 × 18 厘米
水彩
1964 年

《校园后街》
23 厘米 × 24 厘米
水彩
1963 年

校园里的"报头王"

在 20 世纪 60 年代,哈尔滨师范学院是黑龙江省的一所综合大学,其艺术系是全省唯一的艺术殿堂。王绣是 1966 年毕业生,我是 1967 年毕业生,我俩同在艺术系攻读美术专业,王绣长我两岁,尊称为大师姐。

黑板报是当时一种重要的传媒和宣传形式,无论是机关、工厂、学校、企事业单位都设有黑板报作为宣传阵地。我们学校各系都设有黑板报,学院主楼还设有代表全校的综合板报,称《联合报》,由校学生会主办。

一期黑板报能不能抓住学生的眼球,首要是每期板报的报头。它要融形式与内容为一体,既要醒目,又要讲求形式美。所谓报头,就是要在黑板上画画,要一期一换,每期都要创新不能重复。

经院、系学生会的挑选,我和师姐王绣不仅负责艺术系板报的报头更换,还要负责学院里《联合报》每期报头的更换。

师姐很聪明,学习也很优秀,画报头也探索出不少经验,我俩在一起配合得非常默

松花江畔傍晚,与朱延龄

在大学校园与朱延龄(左一)、魏鸿蕴(右一)

与孙月池老师和同学们合影

与同学们交流创作

与同学们在索菲亚大教堂前合影

大学时代在黑龙江宾馆门前

松花江晚霞

大学期间社教归来

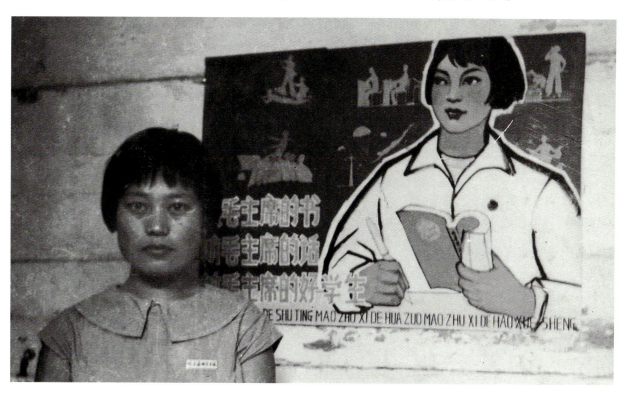
大学毕业创作（1966年）

《太阳岛》
19 厘米 × 27 厘米
水彩
1962 年

《校园门外》
20 厘米 × 26 厘米
水彩
1965 年

《阿城写生》
18 厘米 × 22 厘米
水彩
1964 年

契。在师姐带领下，报头也成为我们施展才能的艺术天地。

　　报头每期都要创新，虽然画幅不大，但是难度也不小。首先要吃透当期板报的内容，然后根据内容构思报头，这就要求我们思路开阔，涉猎广泛。每期换报头，王绣都打好了腹稿、胸有成竹，往往和我的想法一拍即合，然后落笔如飞。我们二人既没耽误学习，又能很好地完成"两报"的任务。不仅为"两报"增加了光彩，也为我们自己赢得不少赞誉。王绣画报头在学校也很有些名气，学友戏称其为"报头王"。为此，我们姐弟俩也很有成就感，并从中摸索出一些画报头的自创技巧。例如彩色油粉笔的运用，坤特（铅条）勾勒的运用，版画和水粉画用粉笔在黑板上的应用，都有了独辟蹊径的创造。黑板报的报头，虽不为美术界待见，但它确实为我们提供了学习和探索的机会，使我们受益匪浅。

黑龙江省博物馆门前

哈尔滨师范学院艺术系门口

大学留影（1965年）

大学同学合影（一排右二为王绣）

大学美术专业同学合影

王绣在大学里是很用功的学生，任何学习的机会都不放过，再加之她做事认真，又肯钻研，所以在艺术的道路上脚步踏实，所有这些，都为她后来在绘画上的成功奠定了坚实的基础。

毕业后的我们走向社会，各奔东西，走向各自的工作岗位。我落脚于北方工业重镇——齐齐哈尔，王绣落脚于中原的牡丹之乡——洛阳。几十年之后，我在任齐齐哈尔博物馆馆长时，为买考古发掘用的"洛阳铲"来到古都洛阳，方得一见身为洛阳博物馆馆长的王绣。真没想到我和她又成了文博战线的同行，真是幸会！而当我们走过半百之年再见面时，大师姐王绣已经成为全国闻名的牡丹画家。我真为她高兴，也为我有这样的老同学感到自豪！

光阴似箭，弹指间我们竟然都已过了古稀之年。看王绣的牡丹画，融入了她自己生命的特质，孜孜以求，用心作画，热情向上，阳光洒洒，画出来的牡丹自然栩栩如生，十分鲜活。而当年和她一起画报头的遥远往事，也真切而清晰地向我款款走来……

此时此刻，相视而笑，师姐说："你还像小时候一样！""是吗？"我说："昨天真美好，今天很灿烂，明天更光明！"

（傅惟光）

十年生死两茫茫

王绣的爱人姓才名文渤，与王绣从少年相识到暮年别离，历经六十多年岁月沧桑。2012年，文勃病逝，王绣的生命如同跌入空谷，仅能依靠从遥远的岁月深处穿越而来的鲜活记忆慰藉余生……

相识少年：闷罐车里的记忆

才文渤在读初中时，王绣的妈妈是他的班主任。王绣那时候还是个小学生。

记得初二时，才文渤所在的班级组织春游，要去离哈尔滨60多公里的呼兰，班主任就把女儿王绣和小儿子王纶也带上了。那天，他们坐着火车的闷罐车（铁路运货的车厢）到了呼兰，先是在呼兰河畔玩

一家四口在王城公园合影

水、划船、捡河卵石，看了村边的小教堂，然后又去看了当时还原汁原味的萧红故居。郊外的风景和大自然带给孩子们许多惊喜与快乐。转眼一天过去，傍晚时分，大家又钻进闷罐车准备返程。北方的春天中午热早晚冷。弱小的王绣因穿得薄，在透风的车厢里冻得直哆嗦。这时，文渤把自己身上的皮夹克脱下来递给王绣说："给，你穿上吧。"王绣感激地接过来披在身上。妈妈问文渤："你不冷吗？"他摇摇头说了句"不冷。"就转身和几个男同学挤在一起偎依着边取暖边玩耍去了。

这，是王绣和文渤的第一次相识。

心生好感：可以信赖的大哥哥

那时候，王绣家住在哈尔滨马家沟的文平街，文渤家住在文化街，离得不远。王绣的闺蜜韩基圣和文渤是邻居。所以，文渤每次听王绣说要去韩基圣家，就会自告奋勇地带她过去。在王绣的眼中，他是一个可以信赖的大哥哥。

王绣家不远有个火车头体育场，寒假里兄妹几个都爱去滑冰，差不多每次都能遇到文渤。他也喜欢滑冰，而且是滑冰球刀，难度很大。王绣记得，经常看到文渤戴着打冰球的护具在场上灵巧地奔跑，跑得飞

快，完全像个专业运动员的样子，后来才知道原来他是哈三中的冰球队队员。文渤待人很周到，特别会照顾人，每次滑完冰，他都会帮王绣找到椅子让她坐下来换鞋子，然后帮她收拾好冰刀，才和她们一起回家。

等到王绣上高中时，品学兼优的文渤已经作为三中全校仅有的两个优秀生被保送到北京航空学院（现北京航空航天大学）。那个时候的王绣和文渤彼此间已经非常熟识亲近，虽算不上耳鬓厮磨、青梅竹马，但因为小学时就相识，再加上文渤一直都像位兄长给王绣带来依赖带来安全感，两人也就一直保持着一种懵懵懂懂的好感。

没有婚礼：简单地走在一起

1966年，就在王绣刚刚完成大学的毕业创作，准备迎接毕业的时候，"文化大革命"（后文简称"文革"）开始了，学校要求学生全部留校闹革命。直到1967年下半年，学校按中央规定开始给早该毕业而没毕业的大学生发工资。当时的王绣已经二十五岁，到了谈婚论嫁的年龄，和她一起的同学们也大都一边等待国家分配工作，一边忙着谈朋友结婚。

文渤毕业后分配到了洛阳，进入某军工研究所工作，王绣的大哥王纬从吉林工大毕业后，也被分

《索菲亚教堂》
108 厘米 × 78 厘米
水彩
1963 年

结婚那年（1968 年）

全家在龙门石窟合影（1974 年）

到了洛阳。每次回哈尔滨，两个人都相约一起坐火车到北京换乘再回哈尔滨。1967 年暑假，文渤从洛阳回到哈尔滨，又见到了王绣，两个小时候的玩伴无意间竟又走到了一起。这时，三十岁的文渤向王纬和王绣妈妈提出："我喜欢王绣。"就是这么简单质朴的一句话，没有花前月下的浪漫，却有水到渠成的自然，成就了文渤与王绣的一段姻缘。

由于早就熟悉，所以两家老人都没意见。可没想到文渤的单位对职工结婚的配偶要审批，当时申报后，单位不同意。王绣心里非常难过，觉得自己出身不好嫁人都是难事，还不如趁早放弃别耽误了人家。但文渤却不肯放弃，一直寻找机会争取组织同意。两个多月后，单位换新领导，他又一次向领导提出申请，这次，领导终于同意了。于是，就在 1968 年的元月，文渤赶回哈尔滨，和王绣正式走进了婚姻。没有操办婚礼，没有任何仪式，没有音乐，没有色彩，没有热闹的场面，只是简简单单地去登了记，然后买了糖果，分

给两家的亲戚和同学们，就这样，两个人走在了一起。

结婚后，王绣决定随文渤去洛阳工作。1968 年 8 月，两个人坐着火车从哈尔滨到北京，在北京玩了几天，就算是度了蜜月。然后，夫妇两人就到了洛阳。

刚到洛阳时，两人住在研究所附近当年吴佩孚兵营的一间小平房。王绣被分到龙门石窟工作，由于离得远，每周才能回家一次。文渤有时去车站接她，有时去龙门石窟给她送些吃的、用的。1969 年 6 月，大儿子毛毛诞生了。王绣带着儿子住在龙门，生个小煤炉，自己买菜、做饭。回想起那些时光，虽说生活艰苦，不能天天在一起，但彼此有爱有牵挂，生活还是充满了憧憬和甜蜜。

心有愧悔：点滴回忆皆是情

结婚以后，因为王绣的出身问题，文渤屡次受到牵连。一次是单位要派文渤去以色列和英国考察，可

与儿子才予和才志在日本合影

是却因为王绣出身不好，作为主要课题负责人的他被取消了资格。那以后，又有三次出国的机会，都因为这个原因没去成。为此，王绣一直觉得心里隐隐作痛，觉得自己很对不起丈夫，连累了他。可是，文渤却从来没有表示出对她有任何抱怨，没发过一句牢骚。

直到文渤退休后，已经成名的王绣为补偿丈夫，在去日本办画展时，特别向邀请方提出让老才同去，丈夫才第一次走出国门。

1983、1984 年两年，王绣开始画写意牡丹，同时筹备画展，经济上一度很拮据。为了省钱，文渤主动承担起了为妻子裱画的工作。天资聪慧的文渤悟性极好，跟着博物馆一个会裱画的职工学了没多少天就能自己动手完成了。当时，王绣第一次画展的六十多幅画，全都是他和单位那位师傅一起裱的。再后来，王绣的所有画就都由文渤承担起了装裱工作。他们家搬到王城公园后，文渤还专门设了间裱画工作室，默默地为妻子服务。

文渤能干又会持家，当年家里的家具都是他自己制作，谁家添了新家具，他就去看，看完回来就自己做，五斗柜、大衣柜的式样都做得很新潮。

成为画家之后，王绣经常外出去写生、出差，家里的事就全撂给了丈夫。文渤既当爹又当妈，既要照顾两个孩子又要坚持上班，每天起早贪黑给孩子做饭、洗衣，不辞辛苦，忙碌工作，任劳任怨。对此，王绣一直感念在怀，常默默抱愧在心，希望有机会能够好好补偿他。

文渤生活很俭朴也很简单，没什么癖好更没有什么特殊要求。有时逛街，王绣逼着给他买衣服他都不要。王绣出国时给他买了套西装，结果他一穿就是好多年，王绣想给他做新的，他总说："我没什么场合，不需要。"后来，年纪大了，开始改穿休闲装，更不怎么换衣服了，到最后，盘点下来，也只有那么几件衣服。至于吃饭，文渤也一直保持着东北口味，尤其喜欢吃东北的大酱。

《邻家女孩写生》
37 厘米 × 25 厘米
水彩
1964 年

勇者无畏：荣誉面前倔得像头牛

王绣常对人说，老才是个勇者。勇者无畏，不仅是王绣，更是单位同事对老才的评价。

在老才追悼会的那天，按议程本没有老才同事赵明珍发言，可没拿稿子的她却要求即兴发言，并且讲了一个鲜为人知的故事。"我和才文渤是大学同学，毕业后又同分到一个所里。老才有件事最让我感动和终生难忘：有次单位派我们到西北去做地对空导弹实验，实验中导弹发生故障。什么原因？怎样排除故障？危险性有多大？大家心里都没底，谁也不敢靠近。这时老才站出来让大家都别过去，自己去查看。虽然大家都知道老才是我们室的顶梁柱，技术最过硬，但还是捏了一把汗，一个个心都提到了嗓子眼，要知道，这种实验，出事就是瞬间没命啊。那次，老才最终排除了障碍，大家全都化险为夷，都是因为老才舍了自己的性命去换大家的安全啊！这事，他不让我们对外人讲，憋在我心里几十年，今天再不讲就再没机会了，我要把对老同学、老同事深深的敬意表达出来……"这番话没说完，在场的三百多人已经泣不成声。

那天，王绣也是第一次听到这故事，她

《帽儿山写生》
19 厘米 × 27 厘米
水彩
1960 年

《郊外傍晚》
19 厘米 × 27 厘米
水彩
1962 年

和大家一样感动，一样为老才的勇敢无畏而骄傲，而心底，她也明白，为了怕自己担惊受怕，老才硬生生把这个秘密守了这么多年。

还有一年，海南的一个建筑工地发现了五六枚1949 年前美国的导弹，谁也不敢碰，怕有危险。后来，有关人员请洛阳的导弹专家去处理。面对危险，很多人都不敢轻易答应，只有老才，坚定地说："我去。"最终，胆大心细、临危不乱的他顺利拆除了导弹的危险装置，立了功。事后，王绣问他当时怕不怕？他说："有点儿怕，万一拆得不对，一下子命可就没了。不过当时没想那么多，就是觉得自己应该去。"

老才遇事勇敢无畏，但是面对荣誉却又从来不要，倔得像头牛。他立了功，组织要给他表彰，让他写入党申请书，他说："表扬不表扬，还能当饭吃？我不需要，这就是我的工作。"王绣劝他："组织上让你入党，你就写申请呗，我支持你，我替你写。"他说："这是我的事，你写啥，你要入你写。我不是对党有意见，而是看不上那些脑袋削尖想往党里钻然后为自己谋私利的人。我只想做对得起党的事，入不入党是个形式，没那么重要。"老才，就是这样一个倔人，心里想啥嘴上说啥，拗起来九头牛也拉不回。

心胸如海：包容万事家和兴

别看老才脾气犟得很，但对妻子王绣却是始终宽容有加。王绣常感慨老才的心胸如海，是个真正的男子汉。

王绣是个直筒子脾气，但凡工作、生活中遇到问题，心情沮丧或者满腹委屈的时候，会肆无忌惮地向老才发泄。每当这时，老才绝不火上浇油，只是静静地听她倾诉，任她发牢骚，等她气消了，再和颜悦

与爱人在王城公园合影　　　　　　　　　　　　与爱人在日本合影

色劝导她心量要放大，凡事换个角度想，别往牛角尖里钻。有了他的包容和理解，王绣即便在外经受再大的伤痛，在丈夫温暖的话语中都会被一一抚平。

　　夫妻间过日子，难免会有磕磕碰碰，他俩之间也有闹矛盾的时候，但每次吵过后，先认错的总是老才，他用男人的胸怀和大度让妻子也变得越来越平和，让家里总是春风和煦。

　　每每念及夫君老才，王绣常说："是老才把我带到洛阳，和牡丹结下不解之缘，成为河洛大地的儿女；是老才，帮我打理一切，换来我在文博事业和牡丹画创作上的辉煌。如果不是和老才的姻缘，就不会有我今天的成就，我所拥有的这一切，都是应该和老才共享的啊。"

　　言念至此，王绣已然再次泪下……

（王伟）

最爱家乡味道

中国人，讲求民以食为天，吃总排在第一位。

美食家，往往依据口感和技艺判断优劣，而平常人，却喜欢由着自己的感觉去选择。

王绣就是这样，她吃东西很少去衡量营养是否均衡，是否符合养生之道，而她最注重的是，是否是自己记忆中的家乡的味道？

在王绣家吃饭，你会发现每餐必有一个凉盘，那就是来自家乡的特产，切成片的哈尔滨里道斯红肠。按说，她到洛阳已将近五十年，饮食习惯也早入乡随俗了，可直到今天，家乡的里道斯红肠仍是她的最爱。想来，应该是因为小时候她在哈尔滨长大，这种用硬杂木烟熏烤出的俄罗斯风味的香肠，给她的胃留下了美好和深刻的记忆，每次品味美食的同时，便是重温思乡之情的过程。

王绣差不多每年都要回哈尔滨，一为消暑，二为会老同学、老朋友，三为品家乡美食。这家乡美食，除了里道斯红肠之外，正阳楼小肚、秋林大列巴、塞伊克（一种俄罗斯风味的硬面包）也必在其中。

正是因为对家乡红肠的执着喜爱，王绣每次往洛阳托运东西都会闹点笑话。一次，几个同学到机场送她，发现她竟然带了一百多斤红肠和其他食品，有些是朋友送的，有些是她自己买的。负责托运行李的女孩子问她带什么东西，超重这么多？她说是红肠。话音还没落，那女孩笑起来："有病啊，带这么多？"她一本正经跟人实话实说："一部分分给单位的同事们尝尝，洛阳没这肠，他们特别爱吃，剩下的放在冰箱里留着自己吃。"女孩说："超出部分罚款会很多的哦。"王绣马上说："没事，没事，认罚也不能减重，不然没法向同事们交代。"女孩见她一脸诚恳，也许是被她对家乡红肠的爱所打动，也许是她那艺术家的气质让女孩欣赏，也许是送行同学们轮番上阵一顿好话，那女孩竟高抬贵手放行了。

油豆角，是黑龙江特产，肉厚筋少，入口绵软，又很入味儿。王绣对家乡的油豆角也是情有独钟，排骨炖豆角、豆角炖土豆，几天就得吃一回。所以，油豆角也是她回洛阳的必带之物。

每年到冬天，王绣还会格外想念东北老家独有的食品——黏豆包。北方的冬天寒冷且漫长，一到冬天快过年时，家家户户、热

《雏菊》
20 厘米 × 26 厘米
水粉
1972 年

火朝天地蒸黏豆包,已成为当地农村特有的一种民俗。用上好的大黄米或是黏玉米磨成粉,用冷水和面、发酵,然后把大芸豆或是红小豆煮熟,捣成豆沙酱,放入细沙糖,攥成核桃大的馅团备用。然后再用揉好的黄米面将豆馅包入里面,团成精致的豆包,放在屉中大火蒸二十分钟即可出锅。豆包蒸好后再拿到冰天雪地里冻一下,等冻瓷实了装在大缸里保存过冬,想吃时拿出来蒸一下就可以了。黏豆包有多种吃法,可蘸白糖吃又香又甜又黏,也可拍成小圆饼用油煎着吃,小孩子们还愿意啃硬硬的冻豆包吃。

尽管到了洛阳多年,王绣对家乡的黏豆包还是念念不忘。有时就为了能吃上黏豆包,最不爱求人的她竟然不惜左一个电话右一个短信,央求家乡的亲朋好友给她邮寄黏豆包。对她来说,这甜甜的黏豆包,不仅包着家乡的味道,也包着她对家乡的甜蜜思恋。

王绣的闺蜜们常常笑话王绣太贪吃,是个“吃货”。对这个名字,王绣从来也不否认,默默地表示认可。跟她在一起吃饭,你会发现她嘴里喊着“吃太饱了,快撑死了”,可只要不离开饭桌,她准保一会儿往嘴里塞点这个,一会儿又塞点那个。用她自己的话说,“我就不能看着别人嘴动弹”。

对王绣这样能称得上“吃货”的人来说,毫无悬念的,央视播出的《舌尖上的中国》自然也是她最爱看的节目,即便哪次漏看了,也必须得找个时间再补上,甚至好多集她都看了第二遍。

对“吃货”来说,最苦恼的莫过于“病从口入”。再说了,“冰冻三尺非一日之寒,小腹三层非一日之馋”。这无疑也是王绣的苦恼。最近,王绣在体检时发现多项生化检查结果都超标,医生叮嘱她,要管住嘴、迈开腿。想想就此要舍掉人生吃这一大乐趣,王绣还真是心有不甘呢!

(尹元君)

同学聚会

在画室接待同学们

同学聚会（1995年）

在秋林尼古拉教堂前（1964年）

在索菲亚教堂前

哈尔滨冰灯

"小公主"与"老皇后"

王绣是个孝顺女，这点，周围熟悉她的人都知道。

王绣有一个长寿的老妈，老人家五十五岁离休后，又有滋有味地生活了四十二年，直到2013年末，才恋恋不舍地安然驾鹤西去。

老人家晚年大部分时间住在女儿王绣家，宝贝女儿的贴心照顾给予她晚年无尽的开心快乐。王绣自己也常说："老爸走得早，老妈辛苦一生，到了该享受晚年的时候了，我要尽女儿所能，让她的晚年过得舒心快乐。现在我们家，老妈的快乐那是家里的头等大事。"

王绣心中，一直记着老妈开玩笑时候常跟她说的一句话："小时候，我给你打扮得像个小公主，给你穿红皮鞋、花衣裙；现在我老了，该是到了你打扮我的时候了。"每每此时，她总是笑着回应老妈："那还用说，我要把你打扮成'老皇后'，让你穿得美、吃得香。"王绣出差的机会多，购物时她首选是给老妈挑衣物。由于老妈是"解放脚"（小时候缠脚后来放开的），所以合脚的、样式好看的鞋很难买到。有次，王绣出访日本，在商店里看到一款日本鞋制作得特别精致，而且质地柔软，就为老妈挑选了一双样式新颖的乳白色羊皮鞋。回来一试，既舒适又漂亮，老妈十分满意。后来，这双鞋意外丢了，怎么都找不到，为此老妈心里不爽了很久。王绣安慰老妈："没事，我再给你买。"从那以后，王绣每次去日本，就精心为老妈挑选各色各样柔软漂亮的皮鞋。有次一口气

与母亲合影

与陈伟红合影

　　就买了三双，让老妈配不同衣服穿。老太太长得富态，衣服、裤子都不大好买，所以一旦遇到合适的，王绣绝不放过机会。一次，王绣在香港出差，看到一种面料柔软、颜色典雅的裤子，腰围、长短都适合，索性一下子买了三条送给老妈。老太太高兴得不得了，一个劲儿夸女儿有眼光。法国是时尚之都，到了法国的王绣最重要的事情也是给老妈买衣服，淡粉色花纹的针织开衫、湖蓝色圆领的针织外套，还有什么法国化妆品、澳宝戒指、翡翠饰品、比利时绿宝石、金耳环、白金项链，反正，只要年轻时老妈没用过、没戴过的，王绣都给置办齐了。老太太自己平时也很注重修饰仪表，总是把自己打扮得别致、典雅，很有气质，还常开玩笑说什么得给宝贝女儿争面子。

　　老太太还喜欢去理发店美发，头发总修得整整齐齐，洗染得乌黑发亮。老人家一般都要把自己的实际年龄少说七八岁，时间长了她自己还真把自己真实年龄给忘了。所以，不论是外表还是心理年龄她看起来都要比同

《卢森堡谷底大峡谷写生》
29 厘米 × 20 厘米
速写
2010 年

龄人年轻，女儿理解老妈的心思，也就顺着她，还经常关照左邻右舍和身边的人："千万别问她实际年龄，往年轻里说，讨她心里一个喜欢就好。"

王绣是个大名人也是大忙人，可是她无论多忙，外出时电话报平安及到家后的第一声问候，那一定是给老妈的。而且，平时，她也特别尊重老妈，家里不管来了多大的官员，多重要的名人，她都要隆重地把老妈介绍给他们。平日里，老妈的一些生活细节，各种好恶习性她也都一一

记在心里。老妈外出坐车，一定要坐在司机后面，因为那是最安全的位置。不管与谁同车，只要有老太太在，那个位置一定是留给老太太的。老太太爱吃甜点，于是，北京稻香村的点心，哈尔滨老鼎丰的糕点，上海杏花楼的月饼，韩国、日本以及世界各地的名点，王绣要么自己外出买要么托朋友四处带，保证常年不断地供老妈尝鲜。

王绣自己也已过古稀之年，不过，有时还要和老妈撒撒娇，吃吃老妈的"醋"。记得盛夏的一天，我们都在哈尔滨马迭尔附近的王绣家里玩，几个闺蜜和老太太照相，摆了好多个亲密姿势，逗得老太太开心不已。照片上的老太太笑得灿烂，照得也就特别漂亮。王绣一撇嘴，对老太太说："妈，怎么你跟我照相，咋没笑得这么好看？偏心啊！"老太太指着王绣说："看，她吃醋了！"看着这娘儿俩一唱一和的，还真的很有趣，其实，女儿在意老妈，老妈开心着呢。

2012 年 4 月，洛阳牡丹花会期间，老太太因胆囊炎住院治疗。晚上，王绣带我同去医院看望老妈，在我问候老妈时，她悄悄藏在老妈身后，伸出手一会儿碰碰老太太耳朵，一会儿动动老太太头发，逗得老太太探着身子问："谁啊？谁这么调皮？"她这才"喵"的一声站在老妈面前，调皮得跟孩子似的，逗得老太太笑得合不拢嘴。我印象中，那温馨的场面一直记忆犹新，让人心里感到特别温暖。

老太太爱记日记，爱写诗。她写的诗经常被收到一些社团自费出版的诗集中。王绣知道老妈很在意这个，对此从来都是积极支持。她对老太太说："你要出诗集，我给你拿钱。"一次，老太太在参观完洛阳牡丹花会后，诗兴大发，写了

一首小诗非让王绣找人发表。王绣自感诗的韵味差了一点，但为了讨老妈欢心，还是找人帮忙修改后发表在《洛阳日报》上。后来，老人家拿着那份登着她诗作的报纸开心得不得了，来人就给看，看完像保存珍贵纪念品似的，板板正正夹在日记本里。

对现代人来说，长寿不仅是时间轴上的长度，更是心态上的宽广度。老太太喜欢和比自己年轻的人交往，她觉得年轻人的朝气活力会感染自己，让自己的身心不老。于是，王绣就经常把馆里性格开朗的年轻人带回家里，让她们和老妈一起聊天、玩扑克、打麻将。我曾在上海王绣大哥家与老人家打过一回麻将，每局一元钱的筹码，结果总是我们三人输，老人家赢。翻看牌时老人家对我说："你这个傻丫头，和在手里自己都不知。"说完，开心地大笑。

不让老妈寂寞，是王绣这个当女儿的必做的功课之一。平时，老人家不论是在洛阳自己女儿家里，还是在哈尔滨她自己的家里，身旁总是聚着一群年轻人，当然大多都是王绣的同学和朋友。每次，老人还没启程，王绣的电话早已打到同学、朋友那儿了，所以，每次老太太回家，那些深受老人家喜爱的年轻人早已等候着了，大家一起哄老太太开心。

老太太爱跳舞，八十多岁了还能跟小伙伴们在舞厅旋上一曲，引得舞友们阵阵掌声喝彩。

老太太爱旅游，在八十岁和八十八岁时，曾不让家人陪伴，两次独自赴美看望在匹兹堡大学当教授的小儿子。王绣不放心老妈，在机场特意找了位旅客机上多关照老人家。一路上，八十多岁的老人就凭在家里女儿给做好的一叠英语小卡片，顺利到达目的地，真是令人叹服！

除此之外，只要有机会，王绣也会带上老妈出游，春天赏花、夏天避暑、秋天赏枫、冬天看雪。这么多年下来，黑龙江的五大连

与母亲合影

《静物瓶花》
26 厘米 × 21 厘米
水彩
1960 年

池，洛阳的鸡冠洞、灵山寺、小浪底水库等，远远近近，林林总总的不少地方都留下了母女俩的足迹。她说，老妈曾做过地理教师，渴望亲近大自然，自己做女儿的，要尽量满足她。

老太太还是个追赶时尚的潮人，九十岁了开始学电脑、玩游戏，还申请个网名叫"李老太"（王绣母亲姓李）。王绣家里已经有了两台电脑，一台儿子用，一台老公用。王绣怕老妈抢不上用，又特意给老妈买了一台，但与老妈有协议："年纪大了，一天玩不得超过两小时。"

老妈不干了，争辩说："我才八十多怎么就大了，就让玩那么点时间？"这回王绣没让步，"两小时说定了！"老妈看女儿严肃的神态，没敢再坚持下去，怕那两小时也泡汤了……别说，这电脑让李老太大开眼界，她摆扑克，玩"对对碰"，思维更灵活了，手眼配合更准确了。家里人和老人家比赛"对对碰"，除小孙子外，这"李老太"还真没输过。

人老了都喜热闹，尤其是儿女们大团聚更是老人的开心日。王绣兄妹三个家居三地，大哥一家定居上海，小弟一家旅居美国，她一家住在洛阳，三家人聚在一起实在是不容易，可四代同堂却是老人家最渴望之事。为遂老妈心愿，2013 年 12 月 18 日，王绣亲自安排三地兄妹全家洛阳大团圆，四代十七口人齐聚洛阳，全家老小围坐在老人家周围，看着儿孙绕膝，老人家乐得都合不拢嘴。一次饭后，全家人在家里客厅唱卡拉 OK，当时老人由于腿部血栓已坐了轮椅，可看到儿孙们一起唱歌跳舞，竟然还顽强地站了起来，走下轮椅拿起麦克风唱了一首歌。在王绣和晚辈的鼓励下，意犹未尽又和孙媳妇舞了一曲，还潇洒地转了几圈。后来，王绣一家人回忆起当时的那份幸福快乐，还会想起老太太满足灿烂的笑容。

生命有始有终。老人家生命的最后时日是在哈尔滨医科大学附属四院度过的。那段日子，王绣陪在老妈身边，为让老妈转移痛苦，她每天早晨都要给老妈买回五份她喜欢看的报纸：《参考消息》《生活报》《新晚报》《黑龙江晨报》《健康周报》，让老妈在病痛中依然能感知外面世界的丰富和美好。她知道老妈喜欢诗歌，特意电话叮嘱老同学作诗一首献给老妈，让老妈开心。收到老同学短信发来的诗歌后，她特意抄在笔记本

《哈尔滨中山路写生》
22 厘米 × 22 厘米
水彩
1961 年

上，读给病榻上的老妈听："沧桑过眼百岁长，回眸人生好风光。儿女多有鸿鹄志，老来犹可俏夕阳。有恙权作练筋骨，风雨过后再启航。遥祝明天安康日，树老尚有好阴凉。"老人家听后很是激动，再三让女儿转达她对写诗人的谢意。

生命的最后日子里，老太太时时感受着儿女的孝顺，因此，最后的时光，在女儿贴心的陪伴和照料下，走得很安详。

"快乐着你的快乐，幸福着你的幸福。"这是做女儿的王绣送给老妈暮年最好的礼物。唯有快乐才能使人不老，唯有幸福才能让人年轻。一个"小公主"，一位"老皇后"，一个贴心的女儿，一个幸福的老妈，一对令人羡慕的快乐母女！

（陈伟红）

唯有温暖
——那些从来不曾忘却的故事

一个人，一座城，半生回忆，隔了时光，许多前尘往事都渐渐淡去，但关于王绣老师的点滴瞬间，却依然清晰如昨。

对于素来行为乖张、豪爽不羁的侯震来讲，洛阳于他，已经成为血脉相融的一方故土，而追溯三十几年来，他与王绣老师的故事，却从来都不曾忘记，终其一生，唯有温暖。

这世间，人与人之间的相遇，一定是因为冥冥之中有命运之线的牵引，所以才会真实地存在着。邂逅并结缘一座城市，真的可以称之为奇迹了。侯震与王绣老师的偶然相遇，及至后来扎根洛阳，便是这样的一种奇迹。

1981年的初秋，还在浙江美术学院（现中国美术学院）读书的侯震和同学余晓刚，作为毕业生文化见习的先遣队到洛阳为大家打前站。

暮色时分，他们才赶到洛阳，一下火车就匆忙赶往第一站——洛阳博物馆，不料赶上下班，眼睁睁看着馆门就要关闭，两人沮丧不已，徘徊在博物馆门口，不知该去往何处。就在这时，一位短头发、推单车、面容清秀的阿姨从里面走出来，许是看到他们失落的眼神，许是看到他们胸前美院的校徽，将单车往一边一放就走过来询问情况。当得知他们是美院的学生专程赶来想看看博物馆却没赶上时，她转身去跟门卫师傅沟通半天，然后亲自陪着他们仔细看遍全馆。正是这样一次很偶然的邂逅，让侯震牢牢记住了这个亲切的名字——王绣。

第二天，美院其他十几位毕业生们也都陆续来到洛阳，一面沉醉于古都的厚重文化，一面流连在龙门石窟、白马寺与博物馆之间，而其中不厌其烦跑了一趟又一趟、看了一遍又一遍的地方，便是洛阳博物馆了。

现在想来，年轻人总是很容易喜悦和骄傲，哪怕只是感觉在陌生城市里有个熟人这么简单的一件小事，所以在后来滞留洛阳的那些天里，博物馆成了大家接头会合的默认地点。以侯震为首的许多学生会在无聊的时候纷纷挤进位于一侧的王老师办公室去看她工作，找她攀谈，而她总是那么热情和蔼地招待每一个人，微笑着任由他们就那么来来去去、嬉笑玩闹。那是一段短暂而温馨的时光，以至于在许多学生的心中，至今都还记得王绣老师的名字。

命运，总是会在不经意的时候跟人开个玩笑，让人在阴差阳错里面对人生的转角。对于侯震来讲，也许做梦都想不到，一年之后的自己，竟然会莫名其妙就踏上了去洛阳的道路。他说，也许这就是冥冥之中的缘分。

临近毕业，一次冲动的打架事件，让侯震为自己的莽撞付出了代价。原本，才华横溢的他是要留校的，可是摆在面前的却是只能选择到中小城市，通知书上赫然写着同样陌生、同样遥远的两个城市名字：湖南郴州、河南洛阳。他想都没有多想，毫不犹豫选择了洛阳，说不清为什么，只是因为想起了与王绣老师的邂逅，想起了王绣老师和善的面容……

独在异乡为异客，生活的困窘、社会的冰冷、心灵的孤单，足以摧毁那个时代本属于天之骄子的所有的张扬和自信。这时候，一抹微笑，一声问候，一个肩膀，都足以升腾起感动的阳光，温暖这座栖身的城市。侯震，无疑是幸运的，因为有了来自王绣老师的帮助和温暖，让他感受到陌生的洛阳阳光满城。

初到洛阳，那个时期还是长发披肩、桀骜不驯的侯震，不仅没能受到器重，反而遭遇各种冷落。并非友善的眼神、搪塞拒绝的态度，让这位在学校深得老师青睐的高材生陷入人生第一次困境。本来心情就极为不舒服，同时毕业的七十多位同学至少都在省级以上人事机关报到，只有自己不得不来到这个当时还很落后的洛阳。不仅如此，因为突然空降而来，单位不肯接收，没有地方安排住处，身上带的钱也不够。从小被教育不能为五斗米折腰的南方小伙儿，一时间竟然连怎样去填饱肚子都不知道怎么实现了。侯震无奈找到了王绣老师，王老师二话没说，直接就接他到自己家里，一方面安排照顾他的生活吃住，一方面到处奔波，到处解释：浙江美院是怎样的一所学校，侯震的到来对于洛阳美术有着什么样的意义……就这样，一直坚持到半个月以后单位通知侯震正式报到上班。

也许，除了王绣老师，没有人知道那些日子里，她究竟还做了什么，她从来不肯说。但是侯震心里却明白，如果没有当初王绣老师那番执着的帮助，也许侯震早就选择重新回到学校待分，或者到另外一座城市也未可知。

接下来的日子，侯震住进了单位简陋的不能再简陋的裱画室里，开始自己艰辛充实的工作生涯。回想起那段生活，他记不清自己每天忙忙碌碌的情景，记不清自己创作的林林总总的作品，但是他清楚地记得，刚一住下，王老师就让毛毛（王绣老师儿子）送来的那个当时最时髦的压力暖水壶；担心南方人不耐冻，天刚凉，王老师就为他买好的带绒的时尚外套。他清楚地记得，那段时间每天到王老师家里都能吃到的应时可口的热饭，哪一天忙顾不上过去时，毛毛便会受妈妈嘱托拎了饭盒送过来。他甚至到现在都还能清楚地记得，在那个物质贫乏、家里也并不富裕的时期，王绣老师却还是把整包的糖果、整只的烧鸡，一股脑儿塞给他。他甚至还清楚地记得，当他辞职下海失望而归、婚姻也告以终结，人生跌落到最低谷时，王老师约他吃饭，仅仅只是见面片刻，细心的王老师就发现他脚上穿的是双烂鞋子，马上悄悄塞给他二百元钱，一再叮嘱他无论如何去买双新鞋，千万别委屈自己……

身在异乡，却感受着家人的关怀；人生起落，还能有处避风的温暖港湾。人生不是每一段相遇都能有美好的故事，侯震无疑是幸运的。每每回忆起过往经历的这些琐碎细节，侯震说常常抑制不住自己内心的感动。其实，在侯震心里，很多年来，对王绣老师的依赖和情感，早已经不仅仅是嘴巴里叫的阿姨二字。而我们也终于明白，一个南方人，为何会历尽艰辛之后还选择扎根洛阳。凡此种种，无不与他从王绣老师身上感受到的善良和温暖有关。正是这样一个长者，给了他坚持的勇气，激起了他对于这座城市的无法割舍的爱。

在这个动荡、浮华、功利的世界里，很多事情可做可不做，比如善良，比如热情，生命的充盈和匮乏也完全在于一个人的爱心，那才是最真实的温暖和光明。对于侯震来讲，曾经风雨坎坷，曾经悲观苍凉，如今回味，捡拾到的只能是很多记忆的断章和碎片，而王绣老师的笑容和她一直以来所给予的信任、保护和包容才是侯震人生最宝贵的收获和经历中最深刻的温暖。

侯震说，自己刚到洛阳的那几年，人生地疏，举目无亲，是王绣老师热情地介绍带领他很快融入当地圈子，就连自己人生道路上赚到的第一笔劳务费，也是王绣老师帮忙介绍他画宣传画赚到的。

那年冬天，王绣老师介绍侯震帮洛阳的一家单位画宣传画，希望能够赚点劳务费贴补一下他拮据的生活。画完后年关临近，侯震又被抽调到北京参加全国总工会学习赵春娥的展览创作，钱迟迟没有拿到，出差补助又太低，想想要回家过年不知道该如何面对二老，侯震几乎已经失去了回家过年的勇气，准备一个人留在北京了。可是，就在一个他正凝神创作的下午，画室门被"咚"地推开，才叔叔（王绣丈夫）走进来，二话没说，一把将钱塞给他说："你王姨怕你过年得用钱，去帮你把钱要回来了，让我给你送过来。"只这一句话，简单的一句话，直到现在，侯震

侯震为王绣画肖像

与学生合影

与侯震合影

都还能够想起才叔说的每一个字，想起当时那些钱拿在手中的温热感觉，想起在那个冬天里，千里迢迢从洛阳到北京的才叔走在走廊上"咚咚"的脚步声，而这一切，构成了侯震一生最难忘的四个温暖瞬间。

时间流转，凭借自己的实力和努力，到洛阳不到三年时间，侯震就成为群众艺术馆的馆长。其时，他意气风发，青春激扬，开始各种探索尝试，带领年轻人们成立青年油画协会，举办各种展览讲座，一时间，洛阳的美术界显得生机勃发。也正是在这个时期，以侯震为首的洛阳青年艺术者们怀着对现代艺术的追求和个性的张扬，策划举办了一次"现代艺术场"。前卫的形式、尖锐的见解引发了社会关注。随后，美术家协会对参与的年轻人进行了引导教育。焦急万分的王绣老师四处奔走，呼吁理解保护年轻人，包容他们的艺术追求。

经历那场风波之后，很多同学纷纷下海经商，或者选择其他的生活方式，唯一一个还坚持画画的只有侯震。他在很长一段时间里陷入创作上的迷茫和失去同伴的孤独，一度陷入自我封闭、自我放逐的沮丧境地。当时，唯一能够聊以慰藉的，除了对过往的怀恋之外，便是来自王绣老师的支持了。抑或是苦口婆心的教诲，抑或是激荡人心的鼓励，抑或是隔三差五的关照，细节已经不重要了，重要的是在这个过程中，一个长者曾经带给他的关爱和希望，赋予他一种责任，一种动力，激励他在艺术、在人生的道路上果敢坚定地勇往直前！

转眼，几十年过去，褪去青涩的张狂，多了平静纯粹的信仰，多年以后的侯震，早已远离幼稚，追寻到一个属于自己梦想的艺术创作乐园。如今的他，很难再会因为某一个人、某一件事而激动，可真正安静地坐下来回忆与王绣老师这段经历，回忆起王绣老师对自己始终如一的关爱与帮助，他却忍不住动容了。他说，时过境迁，多年以前的这些琐碎小事，也许王绣老师早已不记得了，或许很多人关注她的艺术成就，但是，我以为，这些才是我们不能忘却的，不为别的，唯有温暖！

（侯震讲述　王晓鸽整理）

参加侯震画展，在侯震为王绣创作的油画前合影

2012年在栾川县参加书画公益活动

贰

追慕汉唐

追慕漢唐

追慕汉唐

从冰天雪地的北国之城哈尔滨，南下中原，来到历史文化底蕴深厚的古都洛阳，王绣怎么也不会想到，这一选择竟然是她人生中的重大转折点，决定了她未来的发展方向。

1966 年，王绣大学毕业。由于受一些客观原因的影响，迟至 1968 年 7 月，她才被分配到河南省洛阳市龙门石窟保管所，先后做图书资料员、播音员。龙门石窟堪称艺术宝库，王绣徜徉其间，感受着北魏、大唐石雕像所带来的巨大视觉冲击力。唐代诗人韦应物《龙门游眺》一诗中所描绘"凿山导伊流，中断若天辟"的如画风景，让她有了切身体会。她希望能够在这座宝库中寻觅艺术的真谛，可是，当美好的理想遇到纷纷扰扰无法左右的现实问题时，却只能折中退让。1971 年，她从洛阳南郊三十里的龙门石窟被借调到了位于城里的洛阳博物馆。1972 年，正式调入该馆。任职期间，她参加了战国车马坑、两汉壁画墓、唐代含嘉仓与天堂遗址等项目的考古绘图与临摹工作，开启了她职业生涯的考古模式。

1971 年，王绣第一次参加田野考古工作，发掘的是隋唐洛阳城含嘉仓遗址。当时的仓窖清理场景还被拍摄下来，制作成《新闻简报》纪录片，在全国放映。虽然王绣在野外工作很艰苦，但是感到非常兴奋。含嘉仓遗址的发现，为今人了解和研究唐代历史、如何妥善保存粮食提供了参考资料，可以说她是跨越时空，慢慢地走进历史。对她而言，1971 年刚刚接触到田野考古发掘工地，参加隋唐洛阳含嘉仓遗址发掘，是王绣人生中的一个重要标志。

1972 年，她赶赴洛阳东风轴承厂考古工地，在战国车马坑遗址进行考古绘图。后来，这篇考古简报发表在《考古》杂志上，并采用了她的文物摹本，如位于车马坑西北角与东南角的车盖花纹图案残迹、错金银车马器等。通过上述田野考古发掘工作，让王绣初步了解了考古发掘的基本程序，一窥古代先民所创造的精致艺术。

黄明兰先生在一篇回忆文章中谈到了王绣深入考古一线临摹壁画的事：河南省博物馆孙传贤馆长"派省内临摹专家刘建州（洲）先生帮助进行壁画临摹，不久刘先生有事回郑，临摹任务就落到了刚调洛不久的王绣同志身上。墓道很深，天气又热，加上墓内潮

20世纪60年代的龙门石窟（龙门保管所编《龙门石窟》，文物出版社，1961年）

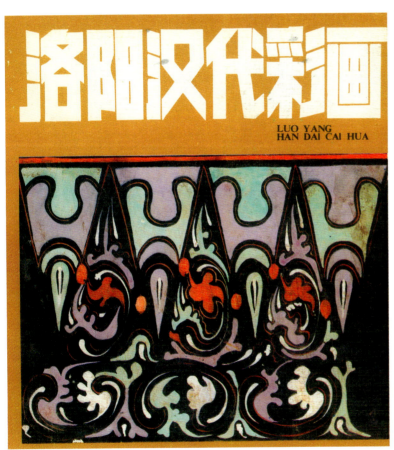

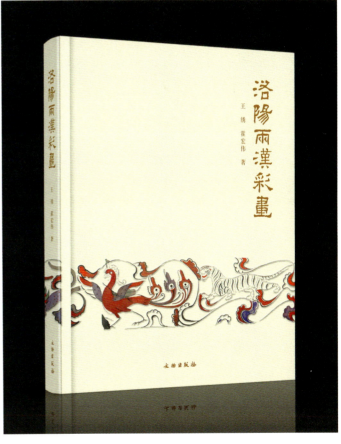

1986年出版《洛阳汉代彩画》书影（方文正供图）

2015年出版《洛阳两汉彩画》书影（北京雅昌设计）

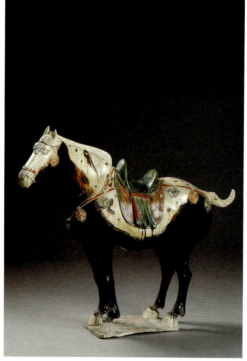

商代母鼓方罍　　　　　　　　唐代三彩黑釉马　　　　　　　　唐代三彩女坐俑

湿，工作环境异常困难，作为一个女同志作此项田野工作，实属难能可贵"。由此看来，黄明兰先生对王绣的工作表现非常满意。

中央美术学院汤池教授曾经回忆起在洛阳的往事："1978年冬，洛阳博物馆徐治亚同志主持金谷园向阳旅社新莽壁画墓的发掘，他邀请我到洛阳协助筹划该墓壁画临摹事宜，该馆王绣同志与洛阳市工艺美术研究室刘美莲同志和我一同临摹壁画的情景，至今难以忘怀。"

除此之外，王绣还利用空闲时间，临摹洛阳博物馆所藏西汉彩绘陶器上的纹饰。若将洛阳汉代陶器彩绘和西安的做一对比，会发现西安汉墓出土的陶器彩绘以几何纹样为主，而洛阳彩绘陶器上有人物、动物形象。洛阳地区的彩绘陶器颇具特色，与西安相比，题材、内容要相对丰富一些。王绣临摹的大量彩绘陶器纹饰，为研究汉代工艺美术史、社会生活史等提供了珍贵的图像资料。

从洛阳战国车马坑、汉代壁画墓，到隋唐洛阳城含嘉仓与天堂遗址、元代龙川和尚墓，考古学者清理的是一个个古代遗存的点，若将这些发掘点定位于一个宏大的历史时空坐标系中，透过这些点，就能够充分感受到古都厚重的文明气质，屏气凝神，聆听到洛阳都城发展史的款款足音。我们会更加清晰地看到，战国车马坑只是洛阳东周王城内的一处遗迹现象，两汉壁画墓相对应的是汉河南县城，含嘉仓与天堂坐落于隋唐洛阳城中，元代龙川和尚墓与白马寺、白马寺与汉魏故城则有着非同寻常的有机联系。将这些发掘点回归于一座座城址内外，恢复原有的生活场景，就会发现它们不是孤立的存在，而是与古都洛阳的历史与今天有着充满活力的对接。这些城址的魅力所在，从2021年全国评选出的"百年百大考古发现"榜单上可以充

在洛阳田野考古发掘现场考察（前排右一）

分感知，东周王城、汉魏故城、隋唐洛阳城遗址均是榜上有名，凸显了这些城址在中国考古学史与都城史上的重要地位。

王绣恰逢其时，天时、地利、人和，三者兼备。她幸运地参加了部分遗址与墓葬的发掘工作，并及时绘制、临摹了相关文物资料。在缺乏彩色胶卷进行考古现场摄影的年代，她所绘制的大量文物彩色摹本，具有无法替代的重要性。今天看来，留存下来的诸多摹本本身已经成了文物，这些正是王绣绘图与临摹工作的价值所在，她为洛阳考古事业做出了重要贡献。1986年，她将多年临摹的洛阳两汉时期墓葬壁画与陶器彩绘摹本结集出版，名为《洛阳汉代彩画》。2015年，在此基础上，出版了更加全面、系统的《洛阳两汉彩画》一书，为学者进一步研究洛阳地区汉画提供了重要资料。

河洛大地仿佛是一部厚重的线装书，蕴含着历史的诸多秘密。王绣脚踏实地，走过了邙山洛水之间的沟沟坎坎，用心体会着脚下这片神秘沃土的韵致。从触手可及的历史遗迹、遗物中充分感受着古代物质文明所带来的永恒魅力。"问渠那得清如许，为有源头活水来"，这些田野考古发掘经历成为她后来从事文博工作与绘画艺术创作的精神滋养，古都洛阳辉煌、灿烂的千载文明是她用之不竭的灵感源泉。

（霍宏伟）

考古印迹

在洛阳，在田野考古工作中，王绣的绘画天分得到了充分展示的机会。由于当时的条件所限，考古发现现场的画面记录，完全是依赖手绘摹写完成的。无论是精美的壁画、文物纹样，还是其他彩绘，王绣都成为第一手资料的创作者。王绣不但完成了记录工作，还从中汲取了传统美学的养分。

一　洛阳东风轴承厂战国车马坑现场绘图

1972年2至4月，为了配合基本建设工程，洛阳博物馆在位于中州路西工段南侧的洛阳东风轴承厂区内，清理一座战国车马坑。其平面形制为长方形，坑口长7.7米、宽6米、距地表深5米。坑内埋葬四马一车一犬。车辕南向，两侧各有两匹马，排列整齐，马头朝南，四肢蜷曲，卧于坑内。

当时，蔡运章先生在工地主持发掘，邀请王绣到这个车马坑工地进行考古绘图工作。她去工地绘图时，车马坑尚未全部发掘完成。他们一边清理，王绣一边画图。车马坑清理出的伞形车盖，髹漆，绘有彩色的图案纹饰，

粘在土上。她认真观察眼前复杂的遗迹现象，并将这些纹饰一一临摹下来。那时候，也有同事用带有黑白胶卷的照相机在考古现场拍照，但考古简报中还需要有器物线图。这座车马坑出土了一些珍贵的错金银车马器，包括铜泡、车轴、带钩、承弓器等，王绣将每一件出土器物都精心地画出来，类似于工地写生。

二　洛阳四座汉墓壁画及陶器彩绘临摹

在接下来的几年里，她先后临摹了洛阳四座汉墓壁画及大量陶器彩绘，充分感受到雄浑、磅礴的大汉气象（以下有关王绣摹绘壁画内容，主要采自王绣、霍宏伟《洛阳两汉彩画》，文物出版社，2015年，第253～284页）。

（一）洛阳面粉厂西汉卜千秋壁画墓

1976年6月，在洛阳面粉厂内发掘西汉卜千秋壁画墓。该墓东西长约8.24米、南北

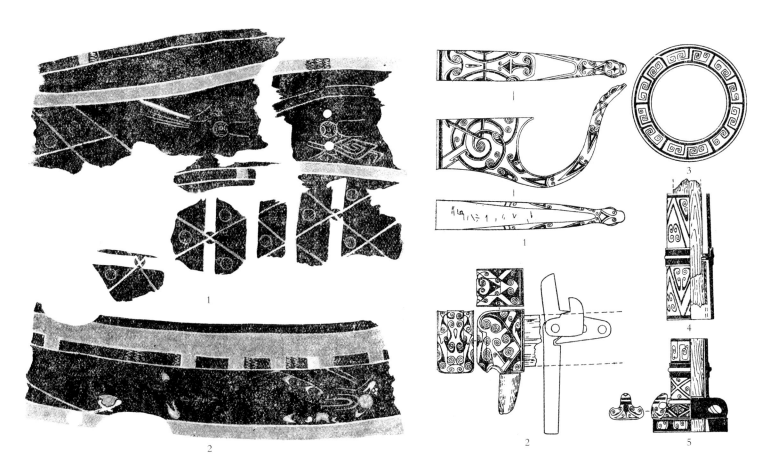

洛阳东风轴承厂战国车马坑车盖饰纹残迹摹本
（《考古》1974 年第 3 期）

洛阳东风轴承厂战国车马坑部分出土错金银铜器线图
（《考古》1974 年第 3 期）

宽约 10.04 米、深度达 13 米。壁画绘制于主室墓门内上额、墓顶平脊及后壁。此墓年代约在西汉中期稍后，即昭帝至宣帝（前 86 ~ 前 49 年）时期。

卜千秋墓是王绣第一次参加发掘的壁画墓。当这座墓发现之后，考古学者们都很震惊，因为墓葬保存完整，没有被盗过，壁画保存状况良好。作为洛阳博物馆的一名美工，王绣以前只是在考古工地绘制考古遗迹、遗物图，这是她第一次进入到墓室内临摹壁画。这座壁画墓的发掘时间是在夏天，天气炎热，工作环境相当恶劣。墓底距地表 13 米，发掘之初，洛阳博物馆黄明兰先生找民工在地面上搭了个架子，安装一个滑轮。通过设在地面上的防空洞气眼，坐着箩筐下到防空洞里，钻到墓室内去看卜千秋墓壁画，墓顶用木头打着支撑，脚下的淤土有一尺多深。

后来，有人要下到墓室里去工作，就不得不坐在筐里，用绳子系下去，这是坐筐。还有一种是拽着绳子直接就下去了，绳下面要打个结，人可以坐在结上，双手握紧绳。进入墓室之后，室内闷热、潮湿，有一种喘不过来气的感觉。那时候，王绣的孩子还小，每到中午吃饭时间，要骑自行车回家给孩子做饭。有一天中午，在她走了之后，墓道就塌方了，非常危险。就是在这种情况下，她仍然坚持临摹壁画。

她以前从来没有见过壁画墓，更没见到这种形制的墓室。当她第一次下到墓室里看到汉代壁画，感到非常惊讶，也很惊喜。画

洛阳博物馆藏石辟邪

《王子乔图》（王绣摹绘）

在空心砖上的壁画保存完好，色彩艳丽。因为她学过中国画，对色彩特别敏感，壁画的色彩对比非常强烈，又很协调。画面上的颜色，如果直接接到一起，感觉会很刺眼。但是，古人先用墨线勾勒，线条有粗有细，非常流畅。当她看到这些壁画时，特别感兴趣，打心底里喜欢这座墓的壁画，有一种将其临摹下来的强烈愿望。在两千多年前，能有如此漂亮的绘画，难以想象汉代的画家、工匠创作出这么精彩的作品，需要有多么高超的技艺啊。这些画不仅线条流畅，而且造型非常生动，那种动感特别强烈，很吸引人。

她在大学受到过很好的绘画训练，主要侧重于对色彩、素描的把握，有一定的基本功，可以完全按照学习的方法去临摹。这些古代的画师们在画之前，先铺一个底色。因为砖本身是灰色的，要铺一层白色的或浅灰色的底。打完底，他们要在上面勾线，勾勒

填色，壁画的绘制程序应该是这样的。

因为卜千秋墓壁画有小幅的，也有大幅的，如墓室顶部的《升仙图》，壁画是连着的，特别长。王绣根据画幅的大小不同，采用不同的方法。小幅壁画，王绣会近距离直接临摹。大幅壁画，人物、动物形象较为复杂，她就用铅笔先勾线。使用的纸，有熟宣纸，也有图画纸。在这座墓临摹壁画，大多数用的还是图画纸，少量是熟宣。《升仙图》这幅长卷位于墓顶平脊之上，摹绘难度较大。王绣找来一个大画板，支撑在她面前，用几个夹子把纸固定在画板上。仰着脖子，看一笔，画一笔，一直保持着这种状态，坚持到画完为止。每天画完，脖子累得特别疼。正常人做画一般是低头向下，可是她需要脑袋向后仰，眼往上瞅，仔细观察墓顶上壁画中的人物与动物形象，将它们摹绘在画稿上。

对于现代人而言，根本无法想象王绣那

时候的工作环境是多少恶劣。以前，有些人还认为她是在地面上临摹拆迁之后卜千秋墓空心砖上的壁画，没想到竟然是在考古发掘现场直接临摹的。这些摹本实在太珍贵了，因为保存了大量第一手原始资料。那时候，工作环境的确很艰苦。但是，她并没有感觉很苦，临摹这些壁画，觉得特别开心。虽然每天回去很累，家里孩子也小，还要做饭、做家务，可她还是感觉很欣慰。每天的时间似乎过得飞快，她总是不断去临摹，画一段，再画一段，一段一段去画，一张一张去画，空心砖也是一块一块去画的，每天都带着一股兴奋劲儿。

她经常是先用铅笔打稿，再用线勾勒，后填色，最后一道程序是给摹本做旧，这要根据画家自己的感觉了。摹本画出来，不去做旧的话，本身就是很鲜艳的色彩。因为壁画历经两千多年，有些地方色彩鲜艳，有些地方被墓土、积水腐蚀之后，就留下一些斑痕，一般都要将斑痕做到摹本上。当时就是用墓里的泥土做旧，有些地方调出来的颜色，她总感觉不对劲，干脆直接用墓室里的泥土做效果，这是她在考古发掘现场自己发明的，能够达到真实壁画的效果。

王绣是第一个完整临摹卜千秋墓壁画的人。后来，黄明兰先生还向她要过《升仙图》的白描稿。后来不管是谁画的，都是照她的这个彩色摹本画的。这个摹本画出来之后，好多人用的时候都来找她要。她有一个灯箱，将彩稿放到下面，上面放一张白纸，就可以描出来壁画摹本。关于卜千秋墓壁画彩色摹本的第一手资料，均为王绣所画。

有关卜千秋墓的壁画摹本面积，《升仙图》长 4.51 米，宽 0.32 米，共计 1.44 平方米。加上另外两幅壁画，面积大约是 0.73 平方米，总共是 2.17 平方米。如此大面积的壁画，大概画了半个多月。她觉得临摹速度还是挺快的，因为是带着任务和一份惊喜去画的，不耽误一点时间，想赶紧把这项工作完成。黄明兰先生在清理墓室的同时，她就在临摹壁画了。

对于这座墓壁画艺术方面的成就，王绣有着自己独到的见解。首先，这座墓的壁画题材内容丰富，出现了像伏羲、女娲、四神等神话故事中的形象。其次，它的绘画技艺高超，壁画画得特别有神韵。如壁画的构图、造型、线条、笔墨、用色等艺术技法，都做得比较完美。最后，就是这座墓壁画中的一些人物、动物形象夸张，看起来想象力特别丰富。像青龙、白虎、朱雀等四神形象，人面鸟身像，都非常生动，肯定和社会环境分不开。大量运用神话题材，构图也比较满，用了许多云气纹，将画面基本上填满了。人物和动物之间的穿插关系处理得非常好。色彩的对比也很强烈，用墨色来统一，达到和谐统一的效果。

（二）烧沟 61 号西汉壁画墓

1957 年 7 月，在洛阳老城西北郊、烧沟汉墓区东南方发掘出 61 号西汉壁画墓，壁画位于主室墓顶、门额、隔墙及后壁。其年代约为西汉元帝至成帝（前 48 ~ 前 7 年）时期。

1959 年，文物部门将烧沟 61 号墓搬迁至王城公园内复原。20 世纪 70 年代末，在临摹这座墓的壁画时，王绣已经调到洛阳博物馆

《升仙图》（王绣摹绘）

《方相氏与龙虎图》（王绣摹绘）

陈列部工作了。她认为，这座墓的壁画和其他汉墓壁画都不一样。从结构上来说，墓室内的空心砖上有镂空，背面还有天门，非常独特。从艺术的角度来看，应该是西汉壁画墓中最杰出的一座。它的画面非常生动，特别是这里面有很多故事，如二桃杀三士、孔子见老子等。这座墓独具匠心，很有个性，有自己的风格。特别是《二桃杀三士图》，描绘的人物形象很细致，色彩可能不是现在这样，但是人物的动态、服饰构成的画面真是太美了。郭沫若也对这幅《二桃杀三士图》给予高度评价，他说这画可以和《最后的晚餐》相媲美，但是这画要早一千多年。

难能可贵的是，这座墓里面有一个砖雕羊头，是高浮雕，很独特，羊头的造型准确、生动。王绣在临摹时，想用色彩和立体效果来表现它。羊头雕塑的下面是《虎食鬼魅图》壁画，特别形象、生动，有一块壁画已经脱落了，她就用色彩来表示壁画已经没有了，白底都没了，露出了灰砖。雕塑羊头非常精美，塑造这样一个形象，是为了表示吉祥，"大吉羊"就是"大吉祥"，汉代人就用一个羊头来表现。

由于这座墓主室隔墙空心砖的前后两面，是采用镂空、墨线勾勒加彩绘的装饰手法，和一般的墓葬壁画不一样，临摹起来确实很麻烦。王绣只能用色彩来表现主室隔墙空心砖的镂空效果，还有立体的羊头浮雕，都是用色彩来表现的。因为它们是立体的，要反映在平面上，不太容易。

在临摹的四座两汉壁画墓中，王绣最喜欢的还是烧沟61号汉墓。这座墓不仅有镂空

复原至洛阳王城公园的 61 号墓内景
（黄明兰等《洛阳汉墓壁画》，
文物出版社，1996 年）

空心砖，还有雕塑，两者都有着高超的技艺。两汉时期，像这座墓的壁画是很少见的。她认为，在这座墓的壁画中，无论是人物、动物，包括《天象图》中的金乌、蟾蜍，反映的内容很全面、丰富。绘画技巧较高，人物形象鲜活，像《二桃杀三士》中怒目而视的武士形象、《大傩宴飨图》中的胡人形象，各种人物的表情刻画得都很生动。《大傩图》描绘了神话故事中的各类神兽，像青龙、白虎、朱雀、天鹿等，构图完美。另外，充分利用小的空间，设计很巧妙。例如，《天门御龙图》的中央上部是镂空的五个玉璧纹、菱形窗棂，下部是半开的天门，左右是两块三角形镂空砖，两条翼龙流线形设计得妥帖恰当。

各类动物形象关系的穿插独具匠心，动物造型完美生动。《大傩图》左右三角形砖上部

的天鹿，造型完美，很写实，和现实生活中的鹿很接近。色彩用得也很雅，与洛阳其他的汉代壁画墓不同。卜千秋墓壁画色彩对比非常强烈，但用色比较简单，只有几种颜色。烧沟61号墓壁画色彩特别丰富。像虎食鬼魅图，画的这棵树都快旱死了，什么叶也没有了，就剩下一些枯枝，焦芽也仅有一点。这幅画设计的形式感也很好。从构图、色彩、笔墨、造型等方面来看，反映出创作这座墓壁画的画家或者工匠是一位艺术水准很高的艺术家。壁画色彩古朴、典雅，造型古拙，线条流畅。

（三）金谷园新莽壁画墓

1978 年 10 月，在洛阳火车站广场西侧金谷园村向阳旅社，发掘出一座新莽时期的壁

《虎食鬼魅图》（王绣摹绘）　　　　　　　　《二桃杀三士图》（王绣摹绘）

画墓。南北长 7 米，东西宽 6.1 米，深 12 米。此墓年代约为新莽地皇元年至四年（20 ～ 23 年）。

她记得很清楚，在金谷园这座墓里，没遇到过什么太大的危险。此墓底部距地表有 12 米，要想下到墓室里，也是需要在地面上用木头搭起支架，上面安装一个滑轮，用绳子吊着一个小箩筐，人就往里面这么一蹲。筐太小了，连坐都坐不下去，别人一摇滑轮，也不管筐稳不稳，人就下去了。一天上来下去的，只能依靠摇滑轮、坐箩筐。筐一摇晃，就吓得要命，赶快拽紧筐上的绳子，确实觉得挺紧张的。考古人员把电线拉到墓室里，安装了电灯泡，画起来就比较方便。她一般是上午进入墓室里临摹壁画，中午回去吃个饭，下午来接着画，下班时再坐着箩筐上来。

这个墓的壁画基本保存完好，个别地方的壁画破损，有些地方的壁画脱落了。墓里有淤泥，在清理墓室过程中，估计有的壁画就被泥土粘掉了。有的非常完整，有的画面上有砸出来的印痕，她就用墨把一切表现出来。墓室壁画的底子涂的是白粉，由于年代久远和墓里的淤泥较厚，壁画底子都变成了土黄色。

这座墓的四幅壁画，即《日象图》《双龙穿璧图》《玉璧四神图》《月象图》，位于墓顶，临摹起来很麻烦。王绣是仰着脖子去画的。因为有了以往临摹卜千秋墓壁画的经验，这次的临摹很顺利，可以按照同一个方法去做。而像青龙、白虎、天马等形象的临摹，就要容易一些，因为是在后室的墙壁上。

如果用专业的眼光，从美术鉴赏的角度评价这座新莽墓壁画的艺术价值，且和其他三座墓相比，有什么不同之处呢？王绣认为，这座墓的壁画题材与前面的大同小异，当然，每座壁画墓都有自己的特点。这座墓的壁画不像卜千秋墓那么经典，它画的也是神话动物，像凤鸟、白虎、人面兽身像、天马等。和前面两座西汉墓壁画相比，不同之处在于色彩上更加丰富一些，画得比较精细，石青和石绿点得都很到位。在造型上，大多是属于汉代常见的那种。在这座墓的壁画中，描绘的人物有几个较为独特，其中一个骑在虎身上的小人，考古简报称为"太白星"。画的时候，

她就纳闷，这个人物形象和汉代的其他人物不一样，为什么戴的是小红帽，穿的衣服还是白色的？这种形象很少见，和其他的完全不一样。这个就是它的特殊之处。

原来这个骑虎小人竟然是个胡人，戴个红色尖顶帽，穿个小靴子，腰上还有一条红腰带，下面穿的是一条裤子。根据以往学者总结出来的胡人形象标准，这就是胡人。她画的时候，觉着奇怪，这形象不像是中国人。所以，这幅壁画应该叫"胡人骑白虎"。为啥这个胡人穿白衣服骑白虎呢，因为在阴阳五行当中，西方用白虎、白色表示，画一个胡人形象也代表西方。

笔者曾赴洛阳古代艺术博物馆现场考察了这座墓，发现该墓搬迁到该馆时，这两幅壁画可能因本身破损严重，已无法复原，所以在现场看到的是两处空白。真品不存，更凸显出壁画摹本的重要性。

（四）洛阳唐宫中路 120 号东汉壁画墓

1981 年 9 月，在洛阳唐宫中路发掘 120 号东汉晚期壁画墓。墓室东西长 7 米，南北宽 3 米，高 2.9 米。壁画残存于墓室东、南、北三面墙壁上。

王绣闻讯后，赶到考古工地现场。在发掘人员的支持下，对这座墓的壁画进行了临摹。墓室里的淤土尚未清理完，临时安装了电灯。壁画保存状况不佳，整个看着是比较破旧的感觉。墓壁上绘的车马出行图壁画有破损，其他墙壁上的壁画也有一些残损。临摹壁画用的纸很大，是按原大摹绘的。

临摹的这座壁画墓，面积为 21 平方米，高度 2.9 米。其顶部没有壁画，壁画都位于垂直的壁面上。墓壁中部绘有一条横栏，横栏下绘制壁画。这个墓室的空间比王绣以前临摹的三座壁画墓面积大多了，宽敞、亮堂、坐

《日象图》（王绣摹绘）　　　　　　　　　《双龙穿璧图》（王绣摹绘）

《胡人骑白虎图》（王绣摹绘）

《羽人戏龙图》（王绣摹绘）

《夫妇宴饮图》（王绣摹绘）

在那里就可以直接写生了。工作条件也比前三座壁画墓好多了，不用再通过滑轮坐着小筐进入墓室了。这个墓不是太深，距地表有9米。墓壁上也是白底，上面粘有淤泥。进去的时候，墓室没清理完，地上还疙疙瘩瘩的有一些东西。

当她看到这座墓壁画的时候，感觉很新奇，跟以往临摹的几座壁画墓完全不一样。因为壁画主体是人物，跟真人那么高，几乎是原大的感觉。从这些壁画的题材来看，应该是和现实生活贴得很近，像《夫妇宴饮图》，中间是夫妇两人对坐，旁边有侍女站立，端着盘子，就像我们经常看到有关汉代历史题材的电影、电视上的画面。夫妇两人坐在矮榻之上，面前几上摆着盘子和耳杯，形制与马王堆汉墓出土的小漆器近似。另外，榻后有一个屏风，屏风后面还露个脑袋，这个细

节很微妙，感觉在画里面有一段故事。在这幅夫妇宴饮图左侧，夫妇两人正在饮酒；画面右侧，有一位侍女用勺从酒樽里舀出酒来。除了这幅《夫妇宴饮图》之外，还有《主仆图》《车马出行图》。这座东汉墓壁画对研究汉代服饰及饮食起居有着重要作用。

（五）陶器彩绘临摹

1976～1983年，王绣忙里偷闲，利用零星时间，临摹了洛阳博物馆收藏的大量彩绘陶器上的纹饰图案。她以前临摹了一些面积较大的墓葬壁画，人物、动物形象丰满，色彩丰富，视觉冲击力强，后来怎么会转到去摹绘画面较小的西汉陶器彩绘纹饰呢？

王绣谈到，最早也没什么目的，就是很喜欢。在临摹壁画墓的同时，有时上班没什

2014 年 5 月王绣接受采访时
谈到狩猎纹摹本（霍海试摄影，右为霍宏伟）

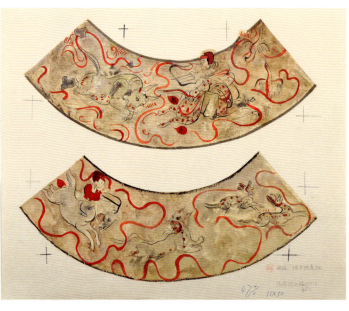

洛阳地区食品购销站 35 号西汉墓出土
陶壶上的狩猎纹（王绣摹绘）

么事，赶紧找一些西汉彩绘陶壶来画。像《洛阳汉代彩画》这本书封面上这件陶壶的纹饰，看到以后感到非常惊讶，它用的是黑底子。一般彩绘壶用的是白底子，这个陶壶很独特，色彩对比强烈，最后用最亮的颜色，也就是用石绿来点缀。这壶上纹饰最关键的地方点了点红，如同画龙点睛一样，并非全部是红色。汉人将各种色彩搭配得这么和谐、完美，确实很少见。她在大学学过工艺美术，懂得一些图案纹饰设计的知识。所以，看了这个出土的彩绘壶之后，觉得不同纹饰的色彩搭配很美，很激动，就想把它画下来，画得比较写意。后来，为了出书，专门又画了一遍部分纹饰的展开图。

自从 1976 年临摹卜千秋墓壁画之后，她觉得除了汉代壁画之外，这个陶器彩绘也挺雅致的。有一年省里办了个出土文物展，请她画了很多器物白描图。因为她很喜欢油画、水彩画，就画陶器彩绘，一开始带点写意性

质的，随便点染了一下。另外，有些纹饰像狩猎纹，骑在马上的人物、野牛与老虎等动物形象，都很生动、精彩，画面就像讲故事一样。武士来抓虎，小鹿也跟着吓跑了。有的画面描绘的是，从两侧一起捕杀老虎，具有故事情节。还有的壶上绘有四神形象、几何纹等，这些彩绘壶上的纹饰很生动。她将洛阳博物馆收藏的这些陶壶逐一搬出来看，凡是有特点的纹饰都临摹下来。

关于摹绘陶器彩绘纹饰与临摹壁画的异同，王绣也有自己的看法。在题材内容上，有很多相同点，像青龙、白虎、朱雀等。在色彩上，也有相近的地方。当然，壶上的内容、色彩更简单一些，比较单调。比壁画多的内容，就是这些纹饰，装饰性更强。壶上的纹饰，最多的装饰有十组。

洛阳博物馆收藏的彩绘陶器有四十余件，主要是彩绘陶壶，另有少量陶尊、陶奁及陶盒。王绣临摹的彩绘陶器纹饰有几十件，应该是

洛阳烧沟125号与50号西汉墓出土彩绘陶壶（王绣摹绘）

洛阳出土西汉彩绘陶器上的云气纹、几何纹
（王绣摹绘）

洛阳考古发掘出土的精品。她从专业的角度，对洛阳出土汉代陶器彩绘纹饰的艺术水平给予高度评价。洛阳博物馆收藏的这些彩绘陶器比较有代表性。大部分是装饰性纹饰，也有一些人物，如狩猎图，动物像青龙、白虎、朱雀等，还有几何纹，这也是洛阳汉代彩绘陶器的特点吧。所有出土的彩绘陶器，她都看过。彩绘纹饰较为精美，或对称，或平行，几何纹多一些。还有一些单独纹样，像壶盖上的纹饰。如对偶夔凤纹，就是黑地，两个夔凤纹有点变形、夸张，有一种对称的美。这种纹饰特别少见。洛阳汉代陶器彩绘的特点是色彩比较单一，纹饰装饰性强，大部分几何纹饰基本相似，腹身中部的主体纹饰有一些差异。在构图上，也比较简单，和壁画的构图不一样。在题材内容上，大多数较为单一，也有少量带有故事性的画面。

三　隋唐洛阳城含嘉仓与天堂遗址绘图

（一）唐含嘉仓遗址

含嘉仓是隋唐两代尤其是唐代储藏粮食的国家大型粮仓。该遗址位于隋唐洛阳宫城东北隅、东城北面。自1969年以来，洛阳博物馆对其进行了全面勘察与重点发掘。1971年1月起，通过半年多的钻探调查，探出259座仓窖，发掘了其中的6座仓窖，仅有160号窖还保留着大半窖的谷子，已全部炭化。

1971年夏秋之交，王绣被借调到洛阳博物馆，参加了含嘉仓遗址的发掘，进行现场绘图，这是她人生中第一次下考古工地。同年5月，王绣的次子才志出生。当时产假仅有五十六天，很快就上班了。上班期间，她还要回家给孩子喂奶，时间特别紧张。为了上下班方便，王绣的丈夫才文渤还给她买了一辆自行车。那时候，她的孩子小，考古工地的工作也很紧张，家庭、工作两方面都要兼顾，确实很辛苦。这是她第一次接触到考古工地的发掘，也挺兴奋的。这个遗址的发现轰动了全国，中央新闻纪录电影制片厂专门派人来拍摄。在 1972 年的电影纪录片《新闻简报》中做了报道："1969 年，在洛阳发现了唐代的大粮仓——含嘉仓。"在这条考古新闻中，王绣在洛阳铁路车辆段第 160 号仓窖中蹲着，和同事们一起进行清理。完成清理任务后，还拿着纸，坐在地上画速写。后来，有同学看到了，给她打电话，说在电影中看到她了。

2021 年 11 月 12 日，笔者查到了中央新影 1972 年新闻简报有关含嘉仓遗址报道的台本镜头信息，包括镜头号、景别、画面内容、解说词、累计米、时间等基本要素。这部真实纪录了洛阳唐代含嘉仓遗址发掘的电影纪录片，名为《出土文物——文化大革命期间（1972）》。

通过这次深入考古工地，王绣明白了要做的博物馆工作，考古绘图是其中的一项工作。这时候，也慢慢理解了考古发掘工作的艰辛。这座仓窖的发掘是露天作业，如果要下到窖底，要踩着好多层梯子。工作很辛苦，成天就是和泥土打交道，清理这些腐烂、发霉的席与草，仓窖防潮用的腐烂木头，甚至还有仓窖工作人员使用的生活用品及刻铭砖。

（二）唐洛阳宫城天堂遗址

1977 ~ 1980 年春，历时三年半左右，洛阳博物馆组织人力发掘隋唐洛阳宫城遗址区，其中包括圆形建筑基址（天堂遗址）。该基址为目前考古所见规模最大的唐代高台式圆形建筑。由发掘部分可以推知，其直径为 64.8 米。在中心坑底部，不仅出土有呈黄褐色的纺织品、装饰用的鎏金小铜花、小串珠及彩绘泥皮等，还发现许多火烧后的木炭灰烬。有学者认为，这座圆形建筑与佛事有关，最终毁于一场火灾。这座圆形建筑就是武则天命薛怀义主持营建的天堂。

中心坑内出土一块彩绘壁画残块，在草拌泥土块表面绘有红、白、紫、金色的彩色画面，高约 15 厘米、宽 8 厘米、厚 4 ~ 6 厘米。王绣参加了考古工地现场绘图工作。她用紫、白、红、金等几种颜色摹绘了这一唐代建筑壁画残块，并用铅笔将其不同颜色标注出来，留下了珍贵的实物资料信息（方孝廉、商春芳、史家珍主编《隋唐洛阳城天堂遗址发掘报告》，科学出版社，2016 年）。

隋唐洛阳城创建于隋炀帝大业元年（605 年），历经唐、五代、北宋。如果有人想穿越时空，领略一下隋唐洛阳城的美好景致与优雅意境的话，那么在唐代诸多诗人作品中寻古访幽，无疑是一种最佳方式：

宛洛盛皇居，规模穷大壮。
（郑世翼《登邙山还望京洛》）

雄都定鼎地，势据万国尊。
（韦应物《登高望洛城作》）

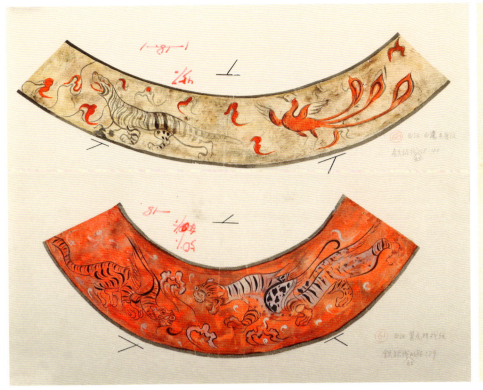

白虎朱雀纹和翼虎相戏纹（王绣摹绘）

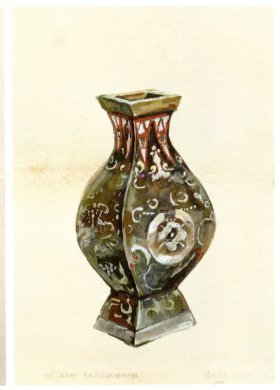

玦纹彩绘陶钫（王绣摹绘）

谁家玉笛暗飞声，散入春风满洛城。
（李白《春夜洛城闻笛》）

洛阳东风几时来，川波岸柳春全回。
（韩愈《感春五首》）

看雪寻花玩风月，洛阳城里七年闲。
（白居易《闲吟》）

四　洛阳元代白马寺龙川和尚墓绘图与白马寺塑像

1978年10月，洛阳东郊白马寺村村民在白马寺西墙外平整土地时，发现了元代洛阳白马寺第一代主持龙川和尚墓。洛阳博物馆闻讯后，随即派人发掘了此墓，王绣担任现场绘图工作。龙川和尚墓以砖砌筑，仅出土汝瓷豆青釉瓷盘一件、石质墓志一方。龙川和尚生前曾主持白马寺重建工程，时间长达二十余年。

白马寺位于汉魏洛阳故城遗址西侧，创建于东汉永平十年（67年），被尊称为"释源""祖庭"。近代以来，白马寺屡遭损毁。1972年4月，为了迎接柬埔寨西哈努克亲王参观白马寺，中央指示尽快修复该寺院。王绣接到了塑造白马寺大佛殿观世音菩萨坐像的任务。因塑像背对大佛，故补称"倒坐观音"。为了塑造出人们心中圣洁、庄严的观音菩萨像，王绣下了一番苦功夫，克服重重困难，终于圆满完成了塑像任务。她与洛阳白马寺的缘分之深，由此可见一斑。

（霍宏伟）

站在高高脚手架上的那些日子

在大学统招统分的年代，毕业的大学生是不能把握自己命运的，就像一片瓦，让你上房你就上房，让你填坑你就得填坑。1968年，王绣在延迟两年毕业后走出了大学校门。也许因为王绣当时已结婚，爱人在洛阳城里，再加上城里很需要搞美术的，所以她很幸运没有被甩到农村。

由于王绣是学美术的，有关部门没有按惯例把师范院校毕业的她分到学校，在三尺讲台上传道、授业、解惑，而是让她在街头画毛主席像，写毛主席语录。于是，那时候的洛阳火车站广场就有了这样一个场景：一个个子不高的东北女子，站在高高的脚手架上，一手握笔，一手托调色板，怀着无比的虔诚，在炎炎的烈日下画5米长、3米高的大幅油画《毛主席去安源》。每天，画像前总有许多人围观，有看画的，有看画画人的，因为画画的那个人还怀着孩子。

"画得真好，画得真像"，人群中不时发出啧啧的赞叹声。当时，画毛主席的油画不是会画几笔画的人都敢接的活儿。你画得像，人家会赞美你几句；你要画不像，那麻烦可就大了。王绣之所以敢接这活不是她胆大，而是在

大学时，她就画过大幅毛主席像，反响还不错，所以心里有底。在洛阳，她画的《毛主席去安源》，一炮打响。之后，找她画像、写语录的单位让她应接不暇。从此，那高高的脚手架成了她工作的舞台。而那时候的王绣，自己也喜欢这个有人围观的工作，常常会在心中涌动自豪感和小小的得意之情。

就这样，王绣在高高的脚手架上，由春画到秋，直到孩子呱呱落地。算下来，她为政府大院、科研院所、工厂、部队等多家单位画了毛主席画像，写了四十多幅毛主席语录宣传板。那时的人不讲报酬，她给人家画完了、写完了，人家就给她毛主席的红宝书和各种各样的毛主席像章。后来王绣宿舍桌子的抽屉里被各种像章和红宝书塞得满满的。这代表着对她那个时期工作的认可和赞赏！

岁月无情，时过境迁。现在，王绣画的那些主席像和语录早都不在了，但那段记忆还在脑中鲜活地存在。回想站在高高脚手架上的日子，王绣觉得还是收获了自信，自信自己能成为一个对社会有用的人。

20世纪70年代末，王绣又一次站上了高高的脚手架。这次，她不再是写标语，而是要

《红旗渠石姑娘连》 宣传画 78厘米×108厘米 水粉 河南省美展获奖作品 1974年

替换标语，真是斗转星移！洛阳老博物馆展楼两侧有两块专门用来书写革命标语的宣传板，有 12 米高，上面的标语口号已落后于时代。领导要求当时任博物馆美工的王绣设计一个能体现博物馆性质的图案，以替换原有的标语。王绣精心设计了三个方案：一是龙门的飞天造型图案，二是牡丹图案，三是洛阳出土的青铜器纹样图案。最终，第三个方案被选中。当时，没有现在的电脑喷绘技术，图案必须由人一笔笔绘制上去。高高的脚手架搭起来了，上面铺上几块竹夹板，这就是王绣的工作场地。她就在那上面，从放样到填色，一笔一笔精心绘制。为了两侧图案的比例相同，她还必须要爬上爬下以相互对照，有时候一天要上下好多次。围观的人仍然很多，赞赏的话也常飘至耳畔，但已不同于十年前的感觉，因为对王绣来说，这是她自己的作品，也是她事业的一部分。经过一个月的上上下下、辛苦劳作，宣传板终于画完了，领导很满意，王绣自己也感觉相当不错。

现在，老博物馆已搬新家了，当时的青铜器纹样图案宣传画也消失在时代的更迭中。王绣很后悔没留下一张照片，但是，她说，一身斑驳油彩、站在高高脚手架上的那些日子，却让她永生难忘！

（李崇祥）

白马寺佛缘

说起来，王绣和白马寺，还有着一段不解的佛缘。

故事还要追溯到四十多年前王绣为白马寺雕塑观世音菩萨像时。当年，为迎接西哈努克亲王参观白马寺，周总理要求尽快修复白马寺。因为特殊时期原因，这座有着"释源""祖庭"之称的中国佛教第一寺院遭到了破坏。就是在这个时候，王绣被借调到白马寺，扛起了修复观世音菩萨像的重担。

王绣在大学是学美术专业的，没学过雕塑。但是，大学毕业刚来洛阳，就被赶鸭子上架，参加了《收租院》雕塑的复制工作。这次，题材由阶级斗争教育的教材一下跨入神话传说中的人物，时空跨越及人物形象和内在寓意的巨大差异，无疑是对王绣一个严峻的新挑战。由于白马寺里的原观世音雕塑损坏太严重，脸部被破坏，身体也支离破碎。当时，不知观世音菩萨是啥模样，手中又没有太多可借鉴的资料，唯一能够给王绣的只是一张寺里法海和尚送来的照片，还是19世纪20年代一位日本友人拍的观世音像，面部已有些模糊不清。

据王绣回忆，当时自己也缺乏对观世音菩萨的认知，只知道她相貌美丽、端庄慈祥，是中国民间影响最广的大慈大悲的象征。为了准确把握观世音菩萨的形与神，她翻阅了无数描写观世音菩萨的古代诗词，从"脸如水面瑞莲芳，眉似天边秋夜月"到"红纤十指凝酥腻，青莲两目秋波细"，反复品读、反复体味观世音菩萨应有的神韵。她说，一定要把观世音菩萨塑成信众心中、也是自己心中最美最善最慈爱的形象，否则对不起那些顶礼膜拜的善男信女，也是对观世音菩萨的亵渎。

塑像是个细活，但备料却是粗活，她要把黄泥、草、棉絮等搅合在一起，加水后反复用脚搋，搋得越细越匀越好。这泥水活对于这个弱小女子来说真的算是脏活累活了。可是这脏活累活要是干不好，雕塑这细活就不能出好效果，所以王绣丝毫都不敢大意，事无巨细，一丝不苟。为了塑好观世音像的脸部，王绣更是不厌其烦，反复雕琢，塑出大形后，近看、远看、左看、右看，端详之后，再按着自己心中所想象的美好形象，反复修改，直到满意为止。

在那段重塑观世音菩萨雕像的日子里，虔诚认真的王绣为了完成任务克服了许多困

修复后的大雄宝殿观世音菩萨塑像

与释印乐法师合影

修复后的观世音菩萨塑像

难。当时，她的儿子毛毛只有两岁多，爱人在城里上班，又不能带孩子。她只好把孩子带在身边。白马寺远离市区，交通又不便，有家不能回，她就带孩子吃住在白马寺附近的荣军疗养院宿舍里。白天，她要工作，怕孩子跑丢，就把绳子一头拴在院子里的树上，另一头系在孩子腰间，这样才能保证孩子跑不出她的视野。好多次，看着才两岁的毛毛像小毛驴拉磨似的围着树转来转去，一圈又一圈，王绣心里别提多酸楚。但为了赶时间，放不下手里的活，她只能含泪忍痛加快节奏做。后来，寺院里一个和尚看小孩子实在太可怜，闲的时候就解下绳子领着孩子在寺院里玩耍。时间长了，孩子对那和尚竟很是依恋，走的时候还有些不舍得了。

经过多天的艰辛劳作和细心打磨，一尊端庄美丽的观世音菩萨雕塑终于完工。望着观世音菩萨美丽、和善、安详、亲切的面庞，王绣心中涌起无边的感动，多日的辛劳瞬间化为乌有。她把自己对观世音菩萨的敬仰之情和对生活的美好憧憬都融进了这尊塑像之中。当观世音菩萨像重新矗立在白马寺的大雄宝殿上，接受善男信女的顶礼膜拜时，王绣感觉到自己的心性也得到了升华：做人，要有慈悲之心，要有与人为善和助人为乐的情怀。

人有至情，佛有大爱。也许正是因为这段值得铭记的佛缘，王绣的生命天空，总有朵朵祥云缭绕；足下的路，总有无数鲜花盛开！

（释印乐）

墓室壁画临摹

临摹写生的人，总喜欢找风光秀丽的地方，或在画室明亮柔和的光线里。大学毕业初到洛阳的王绣可没这般幸运。

1971年，在龙门石窟工作的王绣被借调到洛阳博物馆，当时馆里美术科班出身的就她一个。那一年，洛阳大搞基建时发现了许多古墓，里面有不少彩绘壁画。为了保存这些珍贵资料，领导安排她到现场去临摹彩绘图，并且要求她在发掘现场的第一时间进去，以防彩绘遇到空气后变色。说心里话，王绣当时真是不愿意干这活。一个大活人，又是个年轻女子，天天泡在阴暗潮湿的墓穴里，总觉得有些犯忌。再说，由于有些墓埋得深，她必须坐在筐里被人用绳子系下去，心里难免有些害怕。可这是领导给自己安排的革命工作，尽管心里不情愿，但活儿还是必须得干。当时条件比较落后，照相器材和技术都不行，拍片子也都是黑白胶片的，再加上墓穴光线不足，拍出来的片子清晰度不高，色彩也不能很好体现，只能依靠人工去画。

王绣第一次参加的是含嘉仓遗址发掘绘图工作。含嘉仓是唐代最大的粮仓，是武则天时代建造的。当时出土的大多是为防止粮食霉变和防潮防虫用的草木灰及一些腐烂的木板，除了画个现场图，没有太多好画的。但当时这件事在考古界引起了极大的轰动，中央新闻纪录电影制片厂还拍了新闻纪录片。其中就有王绣拿着纸，坐在地上画速写的镜头。这是王绣第一次上银幕，还让一些远隔千里的同学看到了，给她打来了电话。

后来，洛阳市中州路上挖出的东周车马坑，出土了许多珍贵文物，其中有不少青铜器。这些青铜器有些淡彩，其锈蚀部分还出现了宝石蓝，靓丽的色彩一下子撩起了王绣画画的欲望，且一发不可收。她越画越感受到这些文物的魅力，越画越感觉这些文物中蕴含着那么多宝贵的信息，历史的生命在它们身上显现并延续。王绣常说，文物本身是有生命的，有些墓室里丰富多彩的壁画更让她有触摸到历史天空的感觉，是如此的广阔和绚丽。画它们就像穿越时空和它们对话交流，内心会有一种神圣和激动的感觉。尤其是西汉卜千秋墓，壁画的色彩漂亮得更是让她吃惊。《升仙图》中伏羲、女娲的服饰及那些伸展的羽翼用大色块渲染，一块绿一块红，颜色是那么纯、那么亮，再用黑线一勾，

《天门御龙图》（王绣摹绘）

《日中金乌与伏羲图》（王绣摹绘）

《天马辰星图》（王绣摹绘）

真是无与伦比的美丽。还有那幅《句芒图》，线条流畅，造型生动，动感强烈，色彩也更加绚丽。王绣是学美术的，可她总觉得用手头的颜料无论如何也调不出来那种色彩，真不知先人是如何实现的，这真是太神奇了。

那个时期的王绣，完全被这些壁画所吸引，甚至忘了自己是在狭窄的墓室里画画，恍然间觉得自己是在时光的隧道里画鲜活的历史，画有生命气息的人。为此，她常常一画就是一整天。

王绣告诉我们，临摹墓顶的壁画最辛苦，她得先把纸固定在画板上，然后仰着脖子，看一笔，画一笔，一直保持这种姿势无法改变，

画一会儿脖子就累得又酸又痛，只能活动活动再接着画。可是，每天去画的时候，她都莫名的很兴奋，铅笔打稿，用线勾勒，着墨填色，最后一道工序还要把它做旧。当有些地方调出来的颜色找不到感觉时，她干脆直接拿墓室里的泥土来做效果，以期达到壁画还原的真实。这应该算是她当时的一大发明。

记得有一次，她在古墓里临摹壁画，时至中午，突然想起来该回家给孩子弄饭了，就起身从墓室里爬出来，没想到，她刚从梯子里爬上来，墓就塌方了。两个职工被埋了里面，其中一人的腰被砸折。每想到那次的惊险，她就感到自己是幸运的，如果不是如此，哪怕再多

《北方玄冥图》（王绣摹绘）

画一会儿，命运之神都不知道会把她带向何方。

后来，照相器材越来越先进，临摹古墓壁画的事也就越来越少了，但王绣脑海里总有一个想法挥之不去，就是想把洛阳出土的壁画重新再临摹一遍。但是这一想法，现在看来是实现不了了。一是有些现场被破坏了，二是她也没有足够的时间。不过，可以宽慰的是，经过多年努力，王绣与霍宏伟先生合作出版了一本书——《洛阳两汉彩画》。书中详细摹绘了洛阳四座汉墓壁画和多件陶器上三十种图案纹样，以逼真的色彩和流畅的线条，为中国美术考古学留下了重要的资料。

（史家珍）

外面的世界很精彩

世界的精彩都是被发现的，它属于勇敢的探索者。

改革开放前，全国的博物馆大都是守着自己的一亩三分地，靠财政拨款和微不足道的门票收入过日子（有些馆还不收门票）。很少有人想怎么让文物流动起来，充分利用文物创造更大价值，因为文物流动本身不可预知的风险常让人退避三舍。

王绣是个眼界开放的人，也是胆大的人。在文博界，让文物流动起来，价值得到充分利用，王绣是个先行者。

1981年，国家文物局在湖南板仓举办干部培训班，王绣在班上结识了不少南方的同行。这些得开放风气之先的人后来向王绣提

1996年接待日本日中友好协会会长平山郁夫先生及夫人参观洛阳博物馆

出，你那是全国的文物大市，有四十万件（套）馆藏文物，能不能把你们的文物拿出一部分到我们这里展出，以改变我们这文物少、观众少的窘境。王绣觉得这个建议好，是促进文化交流和宣传洛阳的好机会，于是就向领导提出来。当时，她还不是博物馆的一把手。在开会讨论文物到南方巡展的问题时，领导在会上说："谁同意把博物馆的文物拿出去，必须写保证书，对文物的安全负责！"胆大倔强的王绣想，没走路就想到要跌跟头，那就躺在家别动得了。于是，她站出来说："我来牵这个头，当然要对文物的安全负责。"然后毅然决然挥笔写下了保证书。

1983 年 10 月，由王绣带队的"洛阳唐三彩精品展"先后在广州民间艺术馆和佛山博物馆展出三彩珍品一百多件（套），分动物、人物、器皿三部分。后又在广东其他博物馆巡展了一年。1986年 6 月，"康熙母后珍宝展"在广东开平又一次拉开文物巡展的序幕，先后在广东顺德、佛山、江西南昌、福建厦门、

与中国美术家协会主席刘大为、著名画家谢志高等在欧洲采风

参加韩国百济文化节

1992 年与中央美术学院教授楼家本、曹春生合影

1987 年首次出国办展——新加坡个展，与新加坡女画家沈雁（右一）合影

福州，湖南，浙江，以及广西等地进行了长达八年之久的巡展。两次巡展非常成功，取得了很好的经济效益和社会效益。参观的人除了当地人，还有许多海外归来的华侨。这些华侨在国外呆得时间越长，对祖国的感情越深，对祖国的历史越珍爱。巡展结束，门票分成和销售复制品、卖书几样算下来，当地的文博部门和洛阳博物馆都增加了收入。其中在广东顺德，仅门票收入就达六十万港币，解决了文博经费困难，使文博人有更多的机会出去学习参观。

回想起来，那些巡展的过程其实也是走出去的洛博人开眼界的过程。别看洛阳的历史文化底蕴丰富，但在改革开放的意识上还是"老土"。王绣为了让随行人开眼界，分期、分批地安排他们到深圳沙头角"中英一条街"参观和购物。那个年代能到沙头角一游，不亚于现在的出国，是很让人兴奋和自豪的事。深圳如火如荼的建筑工地和两天一层楼的神奇速度让他们惊叹不已；珠三角星火燎原的"三来一补"企业，让他们感到故乡土地的沉滞。

走出去，请进来，洛博人沐浴着改革的春风，享受了改革的红利，也学会了深刻的思索，连开始反对巡展的老领导也申请要求去参加巡展，去开眼界，不断提升文物保护展陈水平，加强洛阳博物馆宣传力度，到改革的大潮中去踏浪。

洛阳博物馆组织馆藏文物到南方巡展的这一突破性做法，得到国家文物局的肯定，并通报表扬。从此，文物巡展才在国内各博物馆间逐渐开展起来。

接着，洛阳博物馆的文物又走出了国门，赴日本、韩国、美国、意大利、澳大利亚等二十多个国家和地区单独举办和联合举办了多次文物展览。"中国古都洛阳秘宝展"赴日展出七十天，最多一天观众达到五千人。日本古陶瓷专家山上次男参观后说："展览很好，能看到它是很大的幸福和享受。"这也是1949年以来地市级城市第一次单独办出国文物展。"洛阳文物精品展"在韩国五座城市巡展，与辽宁省博物馆（现辽宁省博物院）在日本联合展出"大三彩"长达半年之久。与中国文物交流中心合作，赴日本同时，洛阳博物馆还和日本、韩国等国家文化机构建立了长期的学术交流和业务培训关系。洛阳文博事业通向世界的窗就此被推开，而且越开越大。

外面的世界很精彩！文博，这样一个容易让人感到沉闷的事业，在思想解放的王绣手中变得生机勃勃！

（左小枫）

1994 年在法国

2019 年中国女画家协会主席孔紫率全国著名女画家走进伏尔加庄园

1989 年与熊本县著名画家野田健郎合影

2019 年在日本东京都美术馆留影

2019 年参加日本国际水墨艺术大展开幕式

与闫淑芬老师（右四）等艺术家合影

德润珪璋一锦绣

　　"挥毫列锦绣，落纸如云烟。"也许这就是王绣老师的艺术人生。王老师对艺术精益求精，调绿绚素，成就斐然；对生活与人事却以天心处世，用德润色，犹如明月入怀，增益光华。其嘉惠四方、奖掖后学实多，我是受益者之一。

　　2009年，不仅是我勇闯就业难关的艰苦一年，也是我人生中的第一次大转折。有人说，每个人的一生中有三大难关：求学、就业、择偶。若均能顺利过关，则一生无忧。否则，前途未卜，坎坷不断。这一年我博士即将毕业，开始踏上找工作的艰难之旅。同年，全国有六百多万毕业生将要走上社会，而就业岗位十分有限，僧多粥少，就业形势严峻。当时我去参加北京地区研究生专场招聘会时，刚到中国国际展览中心附近的公交车站，就见人潮涌动，摩肩接踵，人多得像赶集一样，后来看媒体报道共有四万多研究生参加了这次招聘会。

　　由于我妻子和女儿已在北京安家落户，为了全家团圆，我只能努力选择在京城落脚。但是，我来自于洛阳，求学于成都，属于外地生源、外地户口的"两外生"，想在强手如林、有众多高校和毕业生的国都找到一份满意的工作，谈何容易！

　　有一段时间，我整天挎着一个黑色电脑包，里面装着自己的纸本简历和一份用铅笔圈定十几个求职目标的北京地图，游走在京师的大街小巷，就像是一位敬业的推销员，推销着自己。算起来，我在首都投了五十多份求职简历，大部分石沉大海，只有极少数的相关单位似乎还有一线希望，但竞争也异常激烈。有时站在过街天桥上望着鳞次栉比的高楼大厦，我感慨万端：这偌大的北京城，难道就没有我的立足之地吗？四处碰壁的求职经历，弄得我心情一落千丈，烦燥不安，甚至因女儿犯了一点点小错就大声训斥，使得家里的气氛极不正常。大年初一全家去逛世纪坛庙会，孩子给我照的几张相片，我都是皱着眉、黑着脸、一副苦大仇深的样子。家人问怎么回事，我说："工作还一点没着落呢，能高兴起来吗？"

　　大年初三，去给一位朋友拜年，他谈到找工作的心得体会时强调：想在北京找一份理想的工作确实很困难，他夫人前后花了四年时间才最终将工作稳定下来。成功需要天时、地利、人和三个要素，其中人和最为重要。何为"人和"，说白了，就是要有贵人相助。那么，我的贵人又在何方？

　　苦思冥想之下，我想到了洛阳博物馆的王绣老师。王老师不仅才艺卓绝，而且具有大雅君子之风范。以前曾听说过不少关于王老师福泽友邻的故事：洛阳文博界有一对夫妻闹矛盾，谁也不管女儿了，王老师将其女儿接回自己家，衣食住行全管；洛阳有两位年轻画家在京进修深造，王老师大力支持，每次进京办事总要顺便去看望他们，还带给他们好几刀上乘宣纸；一位老书法家想到北京举办作品展，王老师慷慨解囊，出资相助，让老先生感动不已，多次和我提及此事；洛阳市文物局每次捐款，王老师总是名列榜首，捐款金额远远高出其他人许多倍，得到了全局职工的好评……

我一直非常敬重王老师，上学前我们同在一个系统，却不在一个单位，和她并没有很深的交情，之所以想到找王老师帮忙，纯粹是抱着试一试的心理。大年初四晚上，我走出家门，漫步于空荡荡的中央民族大学校园，拨通了王绣老师的手机："王老师，您好！霍宏伟在北京给您拜年！"电话的另一端传来王老师亲切的话语，虽然平时接触不多，但她很赞赏年轻人积极进取，钻研业务，对我继续上学深造给予肯定，并询问了学业近况。我向她汇报了在校的学习情况，并谈到了目前的求职困境。令我十分感动的是，王老师当即表示愿意帮忙，让我把自己的个人简历发给她一份。当我走出寒风凛冽的校园，仿佛看到了遥远地平线上的一丝曙光，心里感觉踏实许多，嘴里反复念叨着海子的一句诗："面朝大海，春暖花开。"

在这之后的日子里，王老师多次打来电话，了解我的工作意向、对岗位的需求等具体信息，一直关注着我求职的进展情况，并激励我坚持不懈，直到成功。2009 年 7 月 20 日，我终于如愿以偿，梦想成真，在中国国家博物馆学术研究中心找到了一个专业对口的理想职位。回想这段充满艰辛与坎坷的求职路，有许多老师、朋友在为我摇旗呐喊、加油助威，而王绣老师无疑是"第一推动力"！我深知，这份工作来之不易，与王老师的鼎力支持与热心帮助密不可分。可当我向王老师表示感谢时，她却轻描淡写地说了一句："不是别人帮你，是你自己的条件和实力符合这个职位。"王老师就是这样一个人，在别人需要的时候，她总会伸手，在收到别人的感谢时，她又总是淡然处之。

随着与王老师接触日益增多，我发现王老师奖掖后学的行为不计其数。只要年轻人有什么困难找到她，她总是毫不犹豫尽力相助，不厌其烦地亲自打电话、托关系，甚至不惜自己出资、送画，看得比自己的事情还重。事成之后，却从不再提及，更不求回报。其嘉言懿行惠及多少人，连她自己都说不清，因为她从来不会在意或统计。而每每大家谈及此类事情时，她总是高兴地说：送人玫瑰，手有余香，我自己也得到很多。

《周易·系辞上传》云："与天地相似，故不违。知周乎万物而道济天下，故不过。旁行而不流，乐天知命，故不忧。安土敦乎仁，故能爱。"将天地万物之心内化为自己的一片仁民爱物之心，乐天知命，寓心于安，敦厚于仁，充实而有光辉，达到"与天地合其德"的精神境界，这就是我心目中的王绣老师。

（霍宏伟）

叁

纸上花开

富贵天香　纸上花开

牡丹情缘

这都是缘分

十年"试玉"

香魁断记

日本游客送来牡丹画第一桶金

国香王绣

当庭始知春风煦

情系小山村

纸上花開

富贵天香　纸上花开

中国绘画中以花卉鸟禽为表现题材的谓之花鸟画，而其中又以花卉植物为题的最为丰富而繁多。披图而幽对，有"四君子"的梅兰竹菊；有"出淤泥而不染"的荷；有"岁寒三友"的松竹梅；有花中四季的春兰、夏荷、秋菊、冬梅；有玉堂春富贵的玉兰、海棠、迎春、牡丹、梅花。这些自古即为丹青圣手笔下常客，寓意美好，寄托情怀。而寓意富贵、人称花魁者当属牡丹，"牡丹富贵至今传，万卉丛中色更妍，岂是此花能富贵，芳名原在万花前"；宋人周敦颐《爱莲说》中"自李唐来，世人甚爱牡丹……牡丹，花之富贵者也……牡丹之爱，宜乎众矣"。历代多有绘牡丹者，风格多样，而今画坛中独以牡丹为中国绘画主要题材的专题创作代表画家当属王绣先生。

王绣先生大学期间受到系统的专业训练，对俄罗斯油画、水彩画的喜爱，影响了她的创作风格，耳濡目染，让她敏感于光影之下的色彩艺术表达。生活在哈尔滨这一中西文化交融的北国冰城，血脉中流淌着对中西艺术，尤其是绘画的敏感与自觉。同时，在中国画的学习中，她得到了来自浙江美院教授的影响，对中国花鸟画中的工笔画用心最多。临摹与写生的严格训练使她的中国画造型意识明确而扎实，加之有西画的专业根基，潜移默化地在绘画风格中追求写实性的写意描绘，这一绘画创作理念一直影响至今。

中国绘画中的牡丹专题，同中国花鸟画的起源与发展一脉而承，突出体现写实范式内的写意精神，在乎物象真实表达中的精神意向。一千六百年前东晋画家顾恺之的庭院中就栽有"木芍药"（牡丹古称），而最早出现于中国绘画中的重要作品便是《洛神赋图》。牡丹绘画的写实之中的写意性也由此发轫，至北齐杨子华将牡丹独立成幅，唐代以降中国牡丹绘画逐渐确立为花鸟画的主要题材。而专题描绘，遂开折枝牡丹绘画先河。五代至宋以后牡丹绘画得到极大的提升，"黄家富贵，徐熙野逸"。中国牡丹绘画在工笔没骨之中，在写实写意之间，延续发展，传承创新，出现了赵昌、赵佶、王渊、钱选、沈周、吕纪、林良、陈淳、徐渭、恽寿平、任伯年以及吴昌硕、齐白石、张大千、于照等诸多名家圣手，创作出工整富丽、清雅文逸、豪迈洒脱等诸多风格特征的中国牡丹绘画样式。

《春酣图》　69厘米×46厘米　纸本设色　1990年　　　　　《春艳·墨牡丹》　69厘米×46厘米　纸本设色　1990年

而当代牡丹专题绘画，在沿袭传统的表现风格的同时，将写生作为牡丹绘画创新与发展的重要手段。王绣先生就是从写生入手，精于观察，着力描绘，而逐步形成典型绘画特点与风格的当代牡丹专题绘画的中国画家。

王绣先生自20世纪60年代末，由北国而来，于洛阳五十载，在"洛阳牡丹甲天下"的王城公园居住。当时这里是洛阳牡丹栽培、观赏品种最多的地方，每天感受牡丹的早晚变化，细心体察牡丹的风雨阴晴，时时写生，每每思索，在速写、默写、线描中了解牡丹的生长状态与品种风格，观察、提炼、概括，同时结合传统风格中的牡丹绘画的样式与特点，由工笔画

入手，于工笔、没骨、写意中反复推敲，仔细揣摩，逐渐形成了赋彩明丽、雅俗共赏、雍容富贵、赏心悦目的王绣牡丹画艺术特征，成为当代重要的中国牡丹绘画的代表画家。

20世纪80年代初期，王绣先生的牡丹绘画风格在写生积淀中开始发端，而且入手方法各异，多有涉猎。以工笔画的方式开端，研习牡丹的生长特征与结构，了解牡丹的品种类型而进行概括与归纳，解析复瓣与单瓣的特点与表现，以及木本枝叶表现手法。通过画面构图的聚散经营、疏密安排，从牡丹的物态本身的研究、研习，到笔墨赋彩的客观表达与主观提升。这一时期成为王绣牡丹画艺术特点形成的至

关重要的阶段，为今后的风格确立打下了坚实的基础。无数次的锤炼与打磨，在工作之余的所有时间都付之"国色天香"中。这期间，以工笔画的写实性为主的描绘，形成了对牡丹的色彩归纳与花头花冠形态的总结，以自然之花变化为眼中之花、心中之花、纸上之花，逐步形成了以小写意牡丹绘画为基础的绘画风格，在写实性小写意的画风变化中，尝试通过色与墨、墨与墨、色与色之间的反复对比与协调，大写意、小写意以及工笔手法的转换与尝试，在大写意手法中表现点线面的强烈构成感的实践体会，同时尝试大块色墨花头与长线枝条的对比与主观的风格呈现。在工笔手法中，逐渐表达出清新明丽的赋彩特征与恬淡雅致的色彩特点。在小写意手法中凸显写实中写意的表现方式，体现牡丹富贵雍容的主旨特征。由此，在三种不同手法的转换学习与摹写创作中，成就了满纸富贵气、色墨透清风的典型艺术风格。绘画在传承中自出机杼，在创新中自成一派，厚积而薄发，凝聚着千万毫端与渐入佳境的思变，在20世纪80年代晚期至90年代初期，形成了王绣牡丹画的典型风格图式与审美主体。

牡丹自古称为富贵花，清代赵世学在《牡丹富贵说》中提到，牡丹有王者之号，冠万花之首，驰四海之名，终且以富贵称之。夫既称呼富贵，拟以清洁之莲，而未合也；律以隐逸之菊，而未宜也。甚矣，富贵之所以独牡丹也。虽历朝历代牡丹绘画风格或野逸或放犷，或清新或工谨，或淡雅或明丽，而富贵气当为首推而被世人所共识；而王绣牡丹画独喻富贵，以富贵之风尚富贵之意态表达"国色天香"之泱泱大气。因此，经年为画的王绣先生以牡丹为绘事，于诸风格中独标富贵之气，专注于一花卉一气韵，终成风格，富贵

天香。20世纪80年代末期始，90年代生发变化完善，至21世纪日臻提升，佳品频出。至2010年后，绘事高峰，盈尺或巨制，已各具气象，穷尽恢宏精微、富丽堂皇之风姿，誉满海之内外，影响深远。

纵观王绣先生牡丹绘画的风格形成，首先是早期在哈尔滨师范学院求学期间，以及青年时代滋养影响于北国时尚之城哈尔滨，作为女画家特有的洞察与敏感，使她在艺术上有着明显的天赋与慧质。而定居洛阳的机缘真正成就了这位关东女，以细腻的女性艺术家的独特视角，色墨凝结数十年的苦诣丹青，在中国花鸟画特有的折枝花卉——牡丹的表现方式中独领风采，独树一帜。以小写意为主要表现方式，在色彩的描绘中颇有心得，同时受水彩画、油画的影响。观其作品如霞如彩，明丽而雅致，以形赋彩，以形明暗，依形而寓富贵，依形而显神采。在不同花冠、花苞、枝叶的布局经营中深浅相宜，色彩自然，光彩显见。去牡丹绘画易俗之时弊，独开新河。尤其要提及的是牡丹绘画，画花容易画叶难，王绣

三人行画展

先生牡丹枝叶的描绘，亦为新法在三权九顶之普遍了解的基础规律中，以大写意的笔法，披毫而出，或墨或色，以衬花头，且叶之深浅丰富，老嫩分别，层次鲜明。如朝雾如暮雨，加之或墨色或胭脂的自然勾勒，线条疏密有度，与花冠相映生辉，浑然欲滴，出奇出彩的枝叶方法，与花冠、花苞相互映衬，盈尺大气象，纸素有精神。而至于整幅构图更加变化多样，或横幅巨幛，或竖幅中堂，或尺幅小品，或典雅扇面，得心应手，生发多变，郁郁葱葱，生机益然，尽得灿烂富贵华美之气象。凌空入势的枝条，交错出锋，花苞凝脂，线面对比，提振整幅画图。于工笔意态之小写意花冠，与大写意笔法之挥洒枝叶，满纸明快堂皇，色彩典雅鲜明，色墨交融而明暗得当。花冠亦大亦小，观见富贵气象，枝叶或疏或聚，但得笔墨畅怀。

王绣先生的中国牡丹绘画，以清新明丽、雅俗共赏、彩韵悦目的小写意风格为创作主旨，以富贵之气弥漫画幅其间，深入研习历代牡丹绘画之精髓。其画法既传承于古代传统工笔画牡丹与小写意牡丹的表现方法之间，又接受了欧洲油画，尤其是俄罗斯水彩画的深厚影响，成为诸家喜欢与赏心的洛阳牡丹画派的典型风格而独标史册，影响深远。

一幅幅画作之中，洛阳红、姚黄、二乔、魏紫、豆绿、赵粉、夜光白等等经典的洛阳牡丹品种，在王绣先生笔下，深浅交错，色墨交融，高低变化，丰富明丽，呈现出花王天香的雍容华贵、富贵吉祥。枝叶繁茂，虚实得当，空间分明，掩映于花冠之间，显示出国色风姿的大度仪容。在王绣先生的笔下，嫩芽吐蕊尽显芳姿，花开锦绣，一派春光；群芳争艳独有风格，国色天香，富贵呈祥。因一种花而得天地之灵气，因一种花而得富贵春风，因一种花而得气韵翰墨，因一种花而享誉河洛、名播四海。洛阳因为王绣先生而更加出彩，王绣先生也因为洛阳而人生无憾、春风无限。一座城，一种花，一个人，在茫茫河洛厚土间，相得益彰，溢彩盛世。

（张建京）

张建京与王绣

王绣与文柳川（左二）、刘金贵（右三）、张建京（右二）

牡丹情缘

　　人生处处皆缘。没有缘就没有相遇，没有相遇就没有情与爱，没有情与爱就没有执着和投入，没有执着与投入，就没有一个人的事业的成功。

　　王绣与牡丹的情缘始于大学。她在哈尔滨师范学院艺术系学习美术时授课的王道中老师是中国花鸟画大师于非闇的关门弟子。于非闇善长工笔牡丹，王道中自然也精于此术。王老师在大学对王绣就高看一眼，觉得她基本功扎实，善抓大形，领悟力强，对色彩

的把握敏锐、精确。所以常给她开小灶、加作业。当时的王绣没见过真牡丹，但在临摹中没少接触牡丹，牡丹的形与神已印在脑海中。这为她后来画牡丹无形中打下了坚实的基础，埋下了一颗种子，遇到适宜的土壤、温度就发芽、生根、开花、结果。

　　王绣与牡丹真正结缘，得益于大学毕业后去了有"牡丹花都"之称的洛阳。而后又有很长一段时间，她的家就在号称洛阳观赏牡丹最佳地的王城公园。"竞夸天下无双艳，

在洛阳王城公园写生（1984 年）

为画牡丹住在公园

《春酣》　33 厘米 × 33 厘米　纸本设色　2014 年

《春晖》　69 厘米 × 68 厘米　纸本设色　2015 年

《牡丹写生图》　38 厘米 × 52 厘米　线描写生　2016 年

《牡丹写生图》　38 厘米 × 52 厘米　线描写生　2016 年

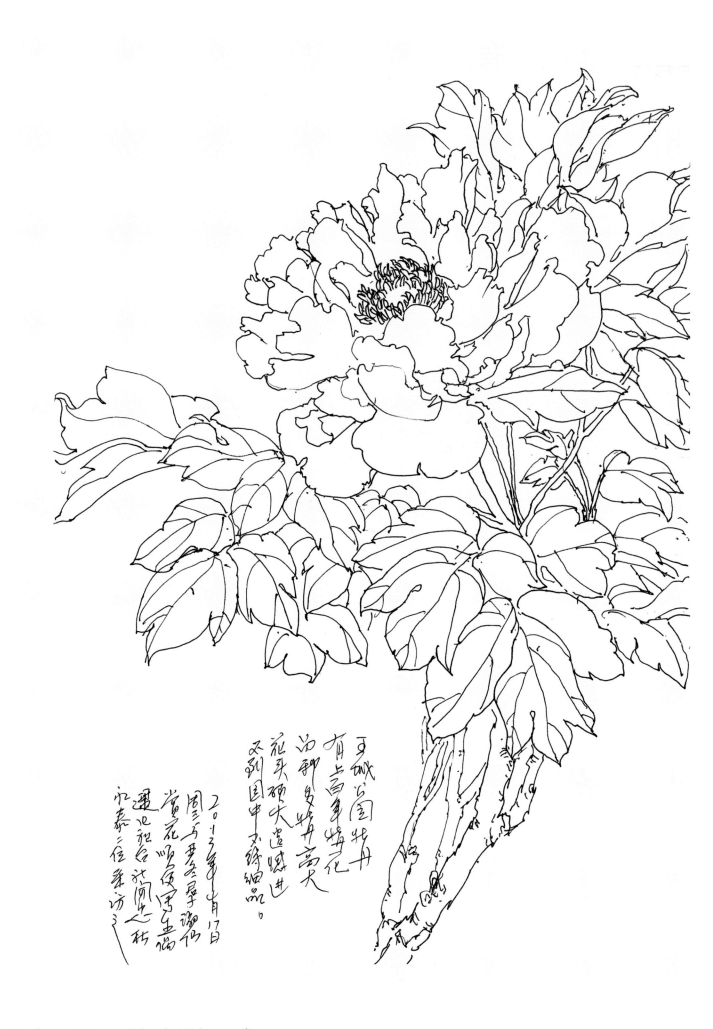

《牡丹写生图》 52厘米 × 38厘米 线描写生 2013年

独立人间第一香。""花开花落二十日，一城之人皆若狂。"洛阳牡丹的美让王绣感到一种前所未有的窒息般痴迷，那些年，她画了无数牡丹、风中的牡丹、含羞带露的牡丹、含苞欲放的牡丹、傲然盛开的牡丹……都成为她画速写的素材，牡丹的雍容华贵、风韵妖娆带给她真切的震撼和喜爱，进而，让她有了创作的激情和冲动，有了更细微的观察，有了更入心的体悟，有了更出神的描摹，从而也让她在牡丹画创作中有了对传统的突破。

王绣和牡丹画的不解之缘，则是因为一次画展而带来的意想不到的机遇。1985年，洛阳市领导对于外地人在洛阳的牡丹花会举办牡丹画展感觉有失洛阳体面，痛下决心准备洛阳人自己做一场画展。于是，就有了王绣"奉旨"泼墨的牡丹画展在第二年的花会中横空出世，王绣本人也随着牡丹画在市场广受欢迎而声名鹊起。

王绣和她的牡丹画，应该说是赶上了改革开放的好时代。在那个八仙过海、各显神通的经济快速发展时期，"文化搭台、经济唱戏"是最活色生香的一式。洛阳的千年牡丹文化，为王绣的牡丹画提供了一个大显身手的舞台。宣纸的色彩和功能被王绣放大，甚至在某些特殊的时刻被赋予了拉动城市 GDP 的重要职能！

中国人对牡丹情有独钟，牡丹的形象和品质与广大群众心中对美好生活的期盼交叠，富贵吉祥、和谐优美、雅俗共赏……无不是百姓内心的美好期望。王绣的牡丹画，彰显了牡丹自身的魅力，暗合了中国人的精神审美需求。有广大受众的喜爱，王绣领军的写意牡丹画自然风生水起，上可巡天，下可接地，可入首都机场的元首厅，可悬钓鱼台国宾馆，可作为国礼赠外国元首，也可在郊县乡村的"开放"……

王绣是幸运的，占尽了天时地利人和；王绣是勤奋的，几十年如一日执着耕耘，用牡丹画铺就成功的大路。

如今的王绣，已经是写意牡丹的领军人物。2014年3月22日，央视纪实频道在黄金档播出四集大型纪录片《牡丹》，开篇就是王绣和她的牡丹画。画室里，她落笔如飞，洒脱大气，几笔落定，大红娇艳的牡丹就呼之欲出。令人惊叹的是，随着她一笔扫过，花瓣的色彩瞬间有了几层晕变。这功夫甚是了得！

李岚清副总理亲切地称她为"牡丹皇后"，民间也常常会对她冠以各种响亮的与牡丹有关的名号，可她总谦虚地说："我就是个牡丹画家，我和牡丹有缘。"

（王冬严）

这都是缘分

1977 年，我读高中的时候，就知道在洛阳市有一位很有名气的画家叫王绣，是哈尔滨师范学院艺术系毕业。

一次偶然的机会，和几位画画的同学拿着自己的素描作业去拜访王绣老师。那时候的我们对一切都还懵懵懂懂，冒冒失失敲开门后，便有点不知所措了。倒是王绣老师，一点也不惊讶的样子，满脸笑容，把我们这帮傻乎乎的孩子们让进屋，又是沏茶、倒水，又是拿糖果、点心，忙活了好一阵子。顿时，我们感觉轻松许多，也没觉得王老师有多么高高在上，就觉得这是一位可亲可敬的师长。在

看完我们的素描作业之后，王老师拿出了自己画的水彩和油画作品，讲了很多画画的方法，还向我们推荐了几本老版的苏联画册让我们翻阅。也就是从那时起，我知道了苏里柯夫、列宾等外国画家的名字。

我到现在还记得，当时王老师家房子也不大，但房间的陈设很是雅致。对于我们这些自小在工厂家属院里长大看惯工装和烟囱的孩子们来说，很是新鲜好奇，尤其阳台上摆放的几个王老师做的栩栩如生的泥塑人像和各种小动物，一下子就吸引了我们全部的注意。那个时期的洛阳还相对落后，对于喜

与巴约夫人合影

吴非与王绣

欢画画的孩子来说，能见识到的东西是很有限的。那段时间和王老师的交往，对我来说就像打开了一扇通向外界的窗户。

1991年我大学毕业，又有幸被分配到洛阳博物馆陈列部做美工，再次得到时任洛阳博物馆馆长的王绣老师的提携和帮助。此时的王老师不仅是我尊敬的师长，更是我敬重的领导。

那时候，馆里的办公条件不是很好，办公室是在展楼东侧的平房里。我的办公室和王老师的办公室紧挨着，她常过来看我，了解我在工作中有什么问题，给了我很多的鼓励，还给我送来不少文史方面的书籍。其中一本是王老师临摹洛阳汉墓壁画的画册，给我印象非常深刻。我对于美术史的学习，较为粗浅，尤其是对于洛阳的古代壁画，更是知之甚少。翻看那本画册，我被壁画中极富想象力的画面和流畅的线条深深吸引，也更加感觉到王老师对于古代壁画的鲜活和神性的准确把握，没有相当的修养，这是很难做到的。而后来听洛阳文物工作队的朋友讲，才又进一步了解到当时王老师是怎样带着干粮在发掘现场钻进阴暗潮湿的墓室里临摹壁画的，内心对王老师的敬佩之意更加浓厚。这本书至今我还珍藏着。

另外，还非常巧，我和王老师是哈尔滨老乡。因此，王老师对我这个小老乡格外的关照。1995年，在法国图尔市举办题为"中国洛阳周"的中法文化交流活动，王老师为了让我能实现去看卢浮宫的梦想，特意安排我作为工作人员去参加交流活动。这对我来说是一次非常好的学习机会，能看到大量原作会对我今后的绘画创作提供很大的帮助。那几天，与王绣老师同游卢瓦尔河畔的昂布瓦兹皇家城堡，参观

卢浮宫、奥赛博物馆。每到一处，她都提醒我注意收集资料，带回去收藏在资料室里，让馆里的同志多看看。

王老师为人率直、侠义，只要是认识她的人都能真切地感受到。很多年前我和几位同是她学生的画友联合举办画展，王老师再忙也要到场帮我们张罗，并出资收藏我们的作品。说来我们都不好意思，那时我们的作品是那么稚嫩，哪里有收藏价值啊。可王老师从来不在乎这些，总是一如既往地帮助和鼓励我们。今天，我这名当日的学生也加入了中国美协，在当地小有名气，细细想来，无疑跟王老师多年来的真诚帮助和精心呵护密不可分。每每，我借着酒力想向王老师说几句感激的话时，王老师却总是淡淡地说："这都是缘分。"

若说"缘分"二字，真的是很奇妙，我和王老师的缘分真的很深。2010年夏天，我陪父亲回东北老家哈尔滨探亲，因为知道王老师的母亲当时也在哈尔滨，于是就抽了半天时间，在我姑姑陪同下一起赶往哈工大的王绣老师母亲家。没想到一开门，我姑姑就和王绣老师的妈妈搂在一起，又蹦又跳，好不亲热。详问之下才知道，原来王绣老师的妈妈是我姑姑中学时的班主任，姑姑也才知道我竟然是她老师女儿的学生。一时间，大家都沉浸在重逢的惊喜之中，而且深深感慨世界很大，但又真的很小。

佛说世间万事万物，皆讲求缘分。回想一段段、一桩桩往事，重温我和王绣老师的过往，倍感缘分的神奇和玄妙。

（吴非）

十年"试玉"

人与人相遇相处都是讲机缘的。早年，王绣老师将出任洛阳市美术家协会主席之际，解放军 150 医院院长杨中有将军曾经在把王绣老师周边的人都看了一番后，给王绣老师建议："若保平安，就让荣欣出任秘书长。"缘此，我有了与王老师相处十余年的工作经历。

回顾这么多年，对王老师的认知是动态的，不同阶段有不同感触，可说是每日常新。王老师的率性在日常生活中往往酣畅不压抑地流露出来，喜怒哀乐皆随自然。王老师的性情体现是很纯粹的女性化，是位可亲可敬的成功女性。我曾调侃说："女人天生喜欢恭维，但更接受的是真实的肯定。"基于此，对王绣老师的评述，我首选真实！

洛阳美术界的发展，王绣老师画上了浓墨重彩的一笔。王绣接任洛阳市美术家协会主席时正值洛阳美术的发展初期，百废待兴，很多事情有待梳理，那时洛阳的美术力量在河南省排名很滞后，美术创作队伍的状况亟待改变，美协团结会员、整合社会力量、创造一个有利于发展的氛围尤其重要。

我刚到协会协助王老师工作时，对人对事都很生疏，每每看到形形色色的人走马灯似地出现在王老师办公室，有谈工作的，有求帮助的，有诉苦的，有抱怨的……我暗自钦佩王绣老师的耐性和包容性，这份涵养我承认就没有，尤其不能忍受个别包藏祸心、搬弄是非的人。久而久之，我从王老师身上解读了什么是大度和从容。

想起来有件事至今我还非常的感动。我的一个兄长，因工作原因，为他的领导担责成了替罪之羊。为洗清不白之冤，他上下呼吁寻求公正，期间，需要王绣老师一幅画，周旋答谢给予帮助的人。当时我去找王老师，说明来意之后，王老师知道是为大哥的事情求画，当即就说："让你大哥来我这里拿画，分文不取，你大哥当年为了美协开展工作，给予了很多的帮助，我们要有情有义，真诚对待曾经给过我们帮助的每一个朋友。"王老师的这番话让我感动了很久。

这件事情还有个题外的笑话。当时，说完正事以后，王老师很认真地补了一句话："荣欣，如果你出事，我会对你比你大哥还好的！"当时，我都不知道该郁闷还是该感动了，这是咒我出事呢，还是安慰我，暖心窝子啊？后来每每说起这事儿，忍不住还会笑。这就是王老师，一个真实的人。

熟悉王老师的人，都知道一件事：河南省博物院建馆初期，为了丰富展品，就到洛阳博物馆征调文物，要把洛阳博物馆的一百多件镇馆之宝都征调到省馆。当时任博物馆馆长的王老师认为这不公平，"若问古今兴废事，请君只看洛阳城"，泱泱五千年历史的洛阳没有了文物，拿什么去说话！为此，王绣老师动怒了，与河南省文物管理部门据理力争，甚至不惜连夜找省长。"王老师发飙之威，惊天地泣鬼神啊！"直到今天，看到博物馆珍宝馆的镇馆之宝，想到王老师那份执着、那份不屈不挠，感受到王老师那份对事业的热爱，对洛阳的真情，还是忍不住会心生敬佩和感动！

我是从教师行业转到美协工作的，没有经验，能力欠缺，对角色的转换还不适应，曾经一派迷茫。当时，王老师看到我开展工作很艰难，就善意地提醒我，可以打着她的旗号去开展社会公关，向企业与各界谋求资助。我这人一向牛脾气，顽固地拒绝了：我是一名教师，教书育人可以，低头求人的事做不来。王老师您给我一年的时间，我给您个结果。本以为王老师会生气，嫌我不知好歹，未曾想一年后，王老师认真地给我敬了一杯酒，说："荣欣，我理解你。你是好样的。"那一刻，对王绣老师的胸襟，我也忍不住慨叹！

很多时候，王绣老师给人以侠女的感觉，她侠肝义胆、快意恩仇、恩怨分明！她有自己的底线，绝不能触动。曾经有过一件年代已久渐被淡忘的事，现在说来也可以对王绣老师的性情窥见一斑。那年，她曾手把手带、全身心教一个习画弟子，不仅毫不设防且视其为家人。没想到这位弟子居然在外界中伤恩师，肆意挥霍老师的信任，仿画盗画，种种行为到了令王老师寒心的地步。于是王老师毅然决然把她剔除出自己的生活，让此人从此走出自己的视线。

在洛阳，谁能拥有王绣的牡丹画，谁就有份得意和满足。我们深知王老师画的价值，老同学左小枫有一番说法也最能代表我们的想法："要王老师的画等于拿王老师的钱呢。"但即便如此，若有事需要王老师帮助时，王老师总是无偿付出，帮助我们解忧。

有时候，会有些求画和购画的人找我，因为他们认为从我手里可以拿到真画、能够低价。对此，王绣老师的确是给了我一份特殊待遇：可以加塞儿，不用预约提前取画，可以合情降低价位。

还记得有一阵，在求购王老师画的人群里流传了一些谣言，说是王绣的牡丹画多是学生代笔。一时间，流言蜚语四下流传。对此，王绣老师从不介意，也不去解释，因为她自问心无愧事，坦荡做人，不需要解释。谣言终归是谣言，如一缸浑水，静静地等待，自会澄清。对此，我作为王绣身边熟悉的人，真可以为她说句公道话：那是绝不会有的事。不过，我倒是听说在有的画廊里能买到王绣的假画，可这些赝品多为拙劣货，明眼人一看便知真假。

曾经有次美展上，洛阳的一位前任女市长问我：为什么大家都喜欢王绣的牡丹画，她的画到底有什么独特魅力？我是这么解答的："其一，王老师的画是她对女性内心的解读和诠释，牡丹花只是个载体；其二，从王绣的学艺历程溯源看，她大学时期学习的是西画，相比较那些单学国画的人有所不同，对造型、光色、构图有独特的敏感性。她的牡丹画是融中国传统笔墨与西画的光色造型形成的独具文人气质的'文人画'，大气、秀美、妩媚、灵透。" 正因为如此，王绣牡丹画独到的艺术表现力，是那些模仿者无法领悟和表现出来的。所以，我常自豪地跟朋友们保证，从王绣老师处得到的牡丹画都是真迹。当然，夸口一下，通过我手拿到的王绣的牡丹画，更是幅幅都是珍品！

　　往事诸多，一一回想起来，更感觉王绣老师做人做事让人敬佩敬重。身为一个女性，她能摆脱女性的弱势，巾帼不让须眉，取得了不少男人都无法超越的成就。同时，我们不得不承认，她是一个有性格魅力、有人格魅力的女人。白居易有诗云："试玉要烧三日满，辨材须待七年期。"我在王老师跟前待了十多年，可谓是十年"试玉"，了解越多，便越敬佩，王老师做人做事让人高山仰止，大家学去吧！

（宋荣欣）

与宋荣欣（右一）参加第十届万人小手画牡丹活动

1994年10月参加洛阳市文联成立四十五周年国庆美展

香魁断记

王绣老师非常幸运地寓居昔日王城，亦即今日以牡丹种植而名扬天下的王城公园，这使她从开始就与牡丹结下了不解之缘。从那时起，一个梦幻之旅开始了。

今天，在我们追寻已逝的岁月时，在造访王绣老师曾经摹写牡丹的种植园中，已经很难再觅一度清静的后庭牡丹竞自开放的孤傲。一个外埠人原本很难把持他乡深厚的泥土所生发的气息，但从我们能够看到的数以百计的牡丹写生画稿中，却不难发现王绣老师严谨的作风、细致入微的观察，自然还有非同凡响的技术功力。艺术家之于自己的创作世界，源自于如何将自己的艺术深植于生活的厚土。因而，在我们研读王绣老师的牡丹作品时，尚能透过表象而深入到其精神的层面。我们所能破解的是，艺术家内心冲动，往往像春日来临时的冰雪消融，是润物细无声的对艺术本体的抚摸。

这是个复杂的现象。解读王绣老师笔下的牡丹，不啻是对艺术本体的追溯。作为学生，我们至今都在记忆的锁链中查寻她有关家乡哈尔滨的水彩和油画风景写生。从技术层面

与青年画家在一起（右二为左小枫）

与俞继高、王庆生老师在中国文联举办牡丹艺术大展留影

上讲，这是她日后牡丹创作所获得的最初原动。无论是风和日丽，还是雪后初霁，水彩的技艺浸润在纸面上缓缓地游走，和着油画笔触，幻化成日后国画笔墨的浓情恣意。一个小的细节，每每作品即出题跋落款时，王绣老师执意不肯使用繁体的"绣"字。我猜想，老师当是特别在意用华丽的"丝锦"所"秀"出的优美意境。重要的是，那种天生的本能最能点化的竟是中国的传统笔法与水彩、油画技术的了无痕迹的融合。在这里，一种水色交融的法式和萌发自内心的欢娱造就了明净的格式而笔走龙蛇。

我们不得不承认洛阳深厚的文化对王绣老师的濡染。今日的许多画家，或出于名利之诱惑，或基于功力之差强，往往将自己的作品贴上所谓"传统""文化"的标记而喧嚣于市井坊间。孰不知，作品的真正内蕴往往是对历史传统的繁复的凭吊。阅读王绣老师的履历，她的职业特性，使她的创作让人难以望其项背。鹳鸟石斧的粗犷，兽面纹方鼎的狞厉，以及三彩豆的随意点乩，这些古人留给我们的人文瑰宝，在王绣老师的总体艺术演化中打上了最直接的烙印，又恍然浸

入牡丹绘事的枝繁叶茂之中。相对于他人，我们所读所悟，远非他人之语焉不详而似花非花。我们所要表述的，是她在洗尽铅华后描绘出的帝王殿堂的姹紫嫣红，是六宫粉黛的皆无颜色，是望断天阙的香魁和与谁共品的国色。因而在忘我的境界里，花的意义被无穷地炙烤，从而换取澈人魂魄的力量。在这里，人格与画格试图经历崇高与哀婉而凝聚成冰点。那感动我们大家的魅力是始于心，行于身，并最终止于大象之无形。

艺术的至高境界是什么？是歌者的行吟，是浪漫的追思，是雍容华贵的扑朔迷离，是终结了阴霾的一丝明亮的光线，是盛世映像中的华美乐章，还有那嘤嘤飞舞在姚黄魏紫中的精灵。

（左小枫）

日本游客送来牡丹画第一桶金

几乎每个人经历成长的道路上，都会经历过第一桶金的故事。

王绣因牡丹画而成就，而她的第一桶金，来自日本游客。

话还得从稍远说起，在 1984 年洛阳牡丹花会时，有外地人来凑热闹，借东风抓商机，办了牡丹画展，还举行了牡丹画研讨会。这让市领导感觉挺丢面子的。偌大的洛阳，难道就不能自家办个牡丹画展，为牡丹花会争个光添个彩？当时的市委宣传部领导找到王绣：你过

去是学画过牡丹的，要给洛阳争口气，来年牡丹花会，你要办个高质量的牡丹画展。这任务来得太突然，也太让人惊喜。王绣接下这任务后就赶紧捡起已略有些荒疏的画笔，开始为自己的第一个牡丹画展做准备。画工笔、绘写意，调动起自己的全部艺术积累，她陆续创作出六十多幅牡丹画，而她的爱人才文渤和馆里的一个同志承担了全部的装裱工作。到 1985 年的牡丹花会开幕式前，王绣的牡丹画展正式在博物馆的一个展厅布展完毕。

2010 年接待日本书友社第三次在洛阳博物馆办展

1991年接待日本冈山市市长　　　　　　　　　　与日本书画家在富士山留影

中日第二届儿童版画联展开幕式

1989年日本书友社在洛阳博物馆办展　　　　　与户田守亮在日本橿原市特建的洛阳牡丹园留影

参加日本檀原文化交流活动

在日本须贺川

1993年4月与北谷钟朋合影

由于那年气温低，光照不足，牡丹花晚开了。一些中外游客乘兴而来，却因没看到牡丹花开，倍感失望，扫兴而归。一天，二十多位日本游客从王城公园出来，顺道到博物馆参观。走进王绣的牡丹画展室，一下子被一幅幅美不胜收的牡丹图陶醉了，惊呼"这里的'牡丹'开了！"于是争相问工作人员："这画卖不卖？"工作人员请示领导，得到的回答是："这是市里配合花会的重要活动，开幕式前一幅都不卖。"

也许是因为日本沿袭了遣唐使带过去的中国审美习俗，日本人和中国人一样特别喜欢牡丹。得知牡丹画不卖，那些日本游客非常失望，但又不甘心，回到宾馆后又给馆里打电话提出先留下定金五万元，待花会结束后，再派人专程来把画取走。当时王绣虽觉得这个提议可以考虑，但因为之前从没卖过一张画，到底能值多少钱，心里一概没数，所以没敢答应对方。

4月15日，王绣的牡丹画展隆重开幕。市领导来剪彩、讲话，展室参观的人爆满，可谓盛况空前。花会期间，一批又一批日本游客来参观画展，并慷慨解囊购画。其中一位日

本老人一下子竟买走了四幅。这时，王绣才意识到：一日本游客经济条件好，二他们喜欢牡丹画，三是画价标低了。那段时间，由于画特别畅销，每天她都要忙到深夜去补画，同时还要及时调整画价。可即便这样，还是有些供不应求。到了画展结束后一拢账，馆里一下子收入了近六万元现金，这在当时，可是算得上一笔巨款啊！而关于画款的分配问题，也成了个新问题。有人说三七开，有人说五五开，也有人说四六开，馆里领导的意见也不统一，最后交市文化局定夺。局领导最后定为四六开，即博物馆拿四，王绣拿六。捧着分到手里的三万多元钱，王绣感觉，竟是那么的压手。要知道，那个时候万元户都让人羡慕，可自己手上一下就托了三四个万元户啊！

王绣有钱了，她首先想到的是对支持、帮助过她的人答谢，请他们吃饭，给他们发红包。她在洛阳最好的饭店摆下酒席，午间摆、晚上摆、第二天再摆，把画界的朋友和馆里的全体工作人员，包括临时工都请到，让他们吃得满意，喝得尽兴。一直到现在，提起那些"大吃大喝"的日子，馆里老人还记得

洛阳市委宣传部原部长王友杰在画展上

2014年在洛阳接待日本画家佐藤安男

2019年与韩国女画家交流（右一为郑奎昫）

2019年在韩国扶余郡李龙雨市长（右三）家做客

清清楚楚：王绣站在饭店门口，一张一张地往人兜里塞钱，简直是当时的一大奇观。而遥想当年，王绣最感慨的还是，想给支持自己办画展的领导包个红包，可人家根本不要！

经过历时几天的大吃大喝，王绣的这桶"金"，就剩下小半桶了。这时，她才第一次推开了银行个人储蓄的大门。

面对金钱，王绣用比男子汉还潇洒的大气和豪爽漂亮地处理好了人生的第一桶金！

（常三虎）

国香王绣

牡丹之于王绣，不仅绽放在笔端，更盛开在心间。

"洛阳亲友如相问，一片冰心在玉壶。"来自北国冰城哈尔滨的王绣也许与洛阳牡丹前世有缘，她的名字里就蕴含了"花"与"画"，就像牡丹这国色天香的花中之王，在众多的画者之中一枝独秀，更像一朵皓洁通透的"玉版白"飘然而来，在洛阳这片土地上落地生根，枝繁叶茂。

世人都道王绣的牡丹好，却不知这背后她付出的汗水和勤奋。

1976年的盛夏，当年轻的王绣借着昏黄的灯光，坐着绳系的箩筐下到古墓道里临摹色彩鲜艳、线条飞扬的汉代壁画时，那浸润着中国千年文化的、灵动古朴的画风已不知不觉在她心中扎下了根，成为滋养她艺术创

《三月花似锦》　45厘米×45厘米　纸本设色　1991年

《素芳馨香》　45厘米×45厘米　纸本设色　2003年

作的土壤。

　　1986年的初春，王绣放弃研究所优越的居住条件，为了与牡丹朝夕相伴，举家搬到了洛阳王城公园。从含苞待放到遍地凋零，王绣擎着画夹，执着画笔，日复一日地对着牡丹揣摩、感悟。春雨里，她撑着伞，看沐浴在晶莹雨水中的牡丹，端详丝绒般花瓣上凝聚的雨珠，试着用画笔表现质感的反差；晨光中，她比花农起得更早，描绘在朝霞的映射下光影变幻中半开的花儿，精心用色彩突出层次的变化；正午时，她顶着春日的阳光观察花间劳作的蜜蜂，看着那些小生灵绒绒的纤腿，薄薄的翅膀，在众香之间忙碌地穿梭，她把这一切都画进了自己的画里。

　　1985年，王绣举办了首次个人牡丹画展，那是洛阳有史以来的第一次牡丹画展，也是新中国画坛第一次全部以牡丹为创作对象的画展，获得强烈反响。从这次画展开始，王绣唤醒了在沉寂中迷茫的洛阳牡丹画艺术，她的牡丹画多次应邀到日本办展，在中国香港、澳门等地及东南亚各国成为收藏热点，作品被国家文化部选送泰国国王行宫收藏，作为国礼赠送给印度总理拉奥和新加坡总理李光耀，并在钓鱼台国宾馆陈列，还入选全国首届中国花鸟画展，数次在国家、省级画展中获奖。在特定的年代，应和着古都振兴的特殊需求，王绣的牡丹画成为洛阳一道城市风景，成为文化交流中的特殊名片。王绣的牡丹绘画一经风靡，洛阳牡丹画也备受追捧，画牡丹一时间在这个城市成为风尚，涌现出一批牡丹画家，创作队伍日益壮大，并逐渐走向了产业化，在全国的地市级城市中异军突起，这种连锁反应皆由王绣而起，被称为"王绣现象"，而这种现象的产生，除了核心人物王绣自身的天赋和个人的勤奋作为主因，在一些外部因素上可以说是"天时、地利、人和"，因缘际会，时势襄助。

在时间与经历的磨砺下，如今的王绣对人生有着一种敬意，当年龄与修为达到这般境界，对世人和境遇都心怀一种近乎虔诚的感恩，这种温润与谦恭也让她的画进入到一种更加平和、臻美的化境。年过古稀的王绣将独特的小写意技法风格发挥到极致，以炉火纯青的手法展现精湛的绘画技巧，在构图和色彩上更加精妙，把牡丹的神韵挖掘得非同一般的精彩。从形式上看，艺术成熟期王绣的绘画技法开始不受客观物象诸如比例、形状、结构、特征、时间、视角、环境等制约，而是大胆、巧妙地运用国画的写意手法，在画面中排除多余的杂质，让画面的精髓和神韵呼之欲出，但同时又巧妙运用西画对色彩和光线的表现方法，在传统绘画中浸渗现代绘画形式的启迪。众所周知，光线为一切物体的造型提供了基础，西方绘画关注光的作用，并试图通过光线表现画面的丰富层次感。王绣则独辟蹊径在一些作品中巧妙地运用光线，利用国画强大的灰调子优势，通过留白和灵活的墨色深浅对比来表现光线的明暗，既为传统技法注入创新，又避免黑白色调太过强烈的对比，使画面符合中国艺术"中正平和"的传统美学观。

而这种微妙的光线处理基于王绣特有的女性敏锐的感官。王绣有着女性对事物更细致的观察力和感受力，她那生动鲜明的画面

参观何水法画院展览

与泰国国会主席兼下议院议长合影

1995年台湾个展留影

1996年台湾"王绣·郭孝民牡丹画展"留影

在表现情感和视角的立场上显得更为具象。从某种意义上来说，她对花的描绘是对自己生命状态的一种映射，展现了自身蓬勃的生命力和心灵的声音。她在花中注入了女性的浪漫与情怀，又通过入微观察、精心刻画的花朵，让我们感受到大千世界的美感。她在画中体现了自身的审美觉醒，也渗透着对牡丹满含的爱意和对人生满怀的谢意。

在她的工笔画《素芳馨香》中，我们可以看出她扎实的造型构图能力和灵动分明的色彩层次，以及对牡丹花结构精湛的研究。整个画面着意营造出舒雅温润的意境，于淡雅中透出高贵，勾勒出了国花的气质。

然而，真正具有代表性的，是王绣的小写意牡丹。在画家风格演变、形成、定位的阶段，作品逐渐表现为画意更加理性，强调一种笔墨精神，摸索花的形式探索，力图通过花的具象来表现抽象的意义，而不再是单纯的"视域美"，开始表达凝重、深刻的意境，摈弃了轻飘与平俗，在继承传统国画技法的基础上不断寻找突破。

在《紫韵娇艳》中，她工整刻画了近景的花卉植株后，在背景上采用了新颖的技法来表现远景的层次感，使画面避免了色彩的沉闷，延伸出了空间的对比。在《蟾精雪魄》中，她描绘的白牡丹纯净剔透，超凡脱俗，皎洁的月光洒落在如同白玉一般的花瓣上，那景象充满了自然与生命的质感。在画中可以看到墨与色的绝妙融合，以及用墨色巧妙处理出的光线感，整个意境显得情蕴悠长。而《国色天香》又淋漓尽致地体现出她对画面的驾驭能力，以传统水墨小写意笔法入手，糅入油画、水粉和水彩画的色彩明暗表现技巧，营造出特殊的表现力。图中石与水仙神采奕奕，花和幼蜂生机勃勃，有花木之真魂真气。整幅画面雍容华贵、气势摄人，牡丹临风有神、摇曳生姿，构图饱满，表现出了严谨大气的艺术风格。

（齐琳）

《紫韵》　138 厘米 × 69 厘米
纸本设色　2011 年

《紫韵娇艳》 138 厘米 × 69 厘米
纸本设色 2006 年

《蟾精雪魄》 180 厘米 × 97 厘米
纸本设色 2006 年

《王维诗意》 138 厘米 × 69 厘米
纸本设色 2006 年

当庭始知春风煦

与王绣馆长见的第一面，是在 1988 年夏末的一个清晨。

那年，我告别大学校园，正式成为洛阳博物馆的一员。对于一个初入社会的年轻人来说，眼前这座草木葳蕤的庭院、散发着历史幽香的展馆，以往只能在画册上见到的洛阳文物，以及彬彬有礼的同事，无处不散发着博物馆独有的文化气息。履行完报到手续，我就和一起分配到博物馆的同学约好，先到博物馆四处走走看看，熟悉一下情况。这时，远远地看到有几位博物馆职工正在馆区东面的小竹林边拍照。因为内心依然还有学生气的青涩，我们迟疑是否上前与大家打招呼。"是新分来的大学生吧，来，大家一起合个影。"耳畔响起一个女性细腻亲切的问候，像和煦阳光，化解了我们心中的顾虑，促使我们走上前去。

快门响过，我们就这样融入了这个集体。这时，我们才认真打量眼前这位看起来具有女领导风度的老师，第一直觉就是她炯炯有神的双眸透着坚毅和果敢，干练的短发、剪裁合体的浅色短袖衫、烟灰色的麻质中裙，明显能感到她身上有一种与这个单位相融共生

的文化气质，简直就是我们心目中理想的博物馆人形象。

"你们好，我是王绣，早听说你们要来，不巧没赶上你们报到，今天我们就算认识了。今后，工作生活中有什么困难只管告诉我。"接着，她又转身对其他职工说："这是馆里新来的同志，拜托大家多关照啊。"轻松活泼的话语，一下子拉近了我们和单位职工的距离。后来，我才知道，王绣老师时任洛阳博物馆副馆长，分管陈列和后勤工作，当时

在新博物馆工地

她在画坛已是声名鹊起。

时光荏苒，一晃二十六载，我与王绣馆长初次相见的情景犹在眼前，我却已经人到中年。多年来，一直在她的领导下工作成长，共同见证了洛阳博物馆的沧桑巨变。

几十年如一日，她雅致的穿戴、得体的言谈、接人待物时的落落大方，以及她身上那种在事业面前无所畏惧和勇往直前的豪气，都已随着时间沉淀转化成为洛阳博物馆鲜明的文化基因，牢牢地根植于老博物馆人的内心深处。

老博物馆人应该都记得，王绣馆长乐于助人，特别是对新到单位工作的年轻人，她总是嘘寒问暖、热情扶持。正如她常说的那句话："我们也是从年轻时候过来的人，最能体会大家的苦衷。不论各位在工作或生活中遇到什么困难，只要我能办到的事情，我都会尽心而为。"不仅如此，她身体力行，说到做到，我就是其中的受益者之一。

还记得在到馆工作数年后，成家立业也提到了我的议事日程，可是，结婚的房子却迟迟没有着落。在那个年代，住房还远没有实现商品化，结婚需要的房子只能等待单位分配，或是依靠个人以租借等方式解决。当时，我爱人在涧西一家大型国企工作，是从外地分配到洛阳的大学生，他们单位与他资历相近者多如过江之鲫，据说要排队等婚房至少需要五年以上。我们也试图四处打听，看能否租间小屋渡过难关，但在那个几乎家家都蜗居斗室的年代，谈何容易。万般无奈之下后，我只好抱着试试看的想法回到博物馆碰碰运气。因为之前我也知道，虽然博物馆有一幢家属楼，但也是僧多粥少，早在我们到单位之前就已经分配完毕，后来的几名职工都在

洛阳博物馆职工合影（中州路老馆）

2009年视察新区博物馆（新馆）

苦苦等待。怀着一线希望，我迟疑着把自己面临的困难说与王绣馆长后，没想到，她很痛快地答应尽快与班子其他成员商量，帮助我们几个急需住房的职工解决困难。

我至今还清晰地记得，当时正值盛夏季节，王绣馆长亲自安排有关人员腾挪集中了馆区的几间行政库房，把腾出的几间平房加以修理改造，又给我们搭建了小厨房，分给大家暂渡难关。她还真诚地对大家说："现在只能先委屈大家了，等将来单位有了条件再盖新家属楼，咱们再好好改善。"

一晃多少年过去了，现在回想起来王绣馆长那些如沐春风般暖心的话语，那间虽然简陋但充满温馨的小屋，那种人生第一次拿到自己住房钥匙的喜悦，依然内心充满感激。随着生活改善，后来又有过好几次拿到新房钥匙的经历，但幸福感都远远没有二十多年前住上平房小屋那样浓烈和刻骨铭心。我想，这应该就是雪中送炭与锦上添花的区别吧。

在博物馆与王绣馆长相处的二十多年间，总感觉她濡染了深厚的艺术才情与传统文化的底蕴，并能在两者之间得心应手地游走，从而转化出了高于普通博物馆馆长或艺术家的境界情怀。我学的是历史，虽不懂绘画，却隐约能从她的画作中读出一些文物精品中蕴藏的率真与执着。我想，馆藏乳钉纹铜爵的俊巧清逸、兽面铜方鼎的狞厉繁复、魏晋白玉杯的大美大成等永恒之美，也一定激发了王绣馆长的创作灵感吧。从另一个角度而言，博物馆中静置无言的文物，因为有了王馆长那双擅于观察和发现美的眼睛，从而更加迸发出动人心魄的不朽魅力。有时候，我甚至

相信，王绣馆长的艺术成就一定承蒙着洛阳历史的泽被。她是带着一种美妙的文化体验在博物馆中浸润流连，并与之产生了浓厚的情感。

我长期负责讲解接待，与王绣馆长接触较多，近水楼台之便，受她熏陶格外多一些。记得她常对我说："你们学历史的人，也要多读一些美学或艺术方面的书，以开拓思路，这样解读出的文物才会更加饱满生动。"当年，我带着观众讲解二楼的文物精品后，有时还能有幸聆听她即兴讲些一楼画廊中的艺术作品。当然，这种机会并不是每次都有。但凡是遇到这种场合，我都会认真地去感受诸如"线条、构图、疏密、明暗虚实"等专业术语，云里雾里地沉浸在艺术和美的氛围中。这样潜移默化的陶冶持续数年后，我竟懵懵懂懂地体会到，那些高品位绘画中浓情恣意的笔触、灵动飞扬的线条和由表及里的精神内涵等诸多内容。带着这种艺术性的审视再去细观博物馆中的文物，我蓦然顿悟：原来，看似沉默的历史文物竟然也蕴含着如此之多的古人意趣。

多少次，我都慨叹庆幸遇到王绣老师这样一位良师益友，是她长久的熏陶，为我们推开了眼界的大门，让我能够从容地站到不同于以往的角度与古老的文明同窗共语，更深刻地领会着文物的欢喜与悲伤，在一次次温存或是残酷的历史穿越中，静心地体味着文物含蓄内敛或洒脱超然的神情气质。

王绣馆长不仅具有女性的细腻柔情，同时兼有精力充沛和吃苦耐劳的"超人"风范。记得十几年前，我们一起赴韩国参加学术交

流活动。按照韩方的日程安排，会议代表白天开会或参观，晚上通常有晚宴或聚会，每天忙得不亦乐乎。即便如此，她还能见缝插针，带着我抓紧时间去看一些美术馆或是私立艺术家画廊，这些独享的视觉盛宴使那次韩国之行"物超所值"。更有意思的是，有天下午，会议议程基本结束，闲下来，女人的购物疯狂本性爆发，我和馆长互相一商量，决定利用空出的半天自由活动时间到首尔繁华的百货街区"血拼"购物，彻底放松一下。那天，我和馆长"奋战"到半夜才意犹未尽地回到旅馆。待整理完大包小包的"战利品"，已是凌晨两三点了。第二天一早起床，我还有些担心馆长是否会因昨晚睡眠不足而影响欢送会。但是，当我看到她毫无倦意、神采奕奕地与韩国博物馆馆长们谈笑风生时，由衷地佩服她的精神头。要知道，当时她也是六十开外的人了。为此，我曾不止一次地以此为例，和她半开玩笑说："您绝对是资深超女，我们年轻人都甘拜下风啊。"看得出，她对此称谓还是颇为得意的。

说到王绣馆长吃苦耐劳的品质，许多博物馆的老同志也印象深刻。2008年，为庆祝洛阳博物馆五十周年华诞，我受王绣馆长之托编撰《洛阳博物馆五十年》一书。在收集博物馆老资料时，才了解到王绣馆长年轻时在考古发掘工地、泥塑现场工作不怕吃苦、一丝不苟拼命工作的敬业事例。特别是好多博物馆老人们常会回忆起20世纪70年代初，在洛阳市文化系统举办"收租院泥塑展览"的前期制作过程中，她和其他男同志一起在大冬天和泥造型，手上布满裂口，肉刺钻心疼痛

也从未言苦退缩。我曾以此事向她求证，结果她淡淡地说："那个时代大家干工作都是如此。大家都是从各个单位抽调出来参与这项工作，必须得做到最好。我是参加泥塑展的唯一女同志，更得加倍努力才行啊。"现在回想起来，王绣馆长这种不怕吃苦、勇于担当的精神，贯穿于她生活和工作的许多细节。

而直到今天，你走进她的画室，依然很少能看到她有喝茶聊天的闲暇，画案前挥毫泼墨的勤奋身影才是一种常态，久执画笔的手指磨出的深深凹痕，见证着她经年累月的甘苦辛劳。有时我会想，她是聚拢了多少个春秋寒暑，在年复一年的积淀中才升华出对牡丹如此的挚爱，将看似单调的重复演绎为人与花的心灵独白呢。

正如王绣馆长在她的一篇文章中写道的：给予，是牡丹带给她最深层次的启迪。在现实生活中，牡丹一样的她，何曾不是在践行着给予的真谛！她给予我们视野，给予我们善与美，给予我们胆识和勇气，给予我们体验愉悦和精神享受的美妙经历……

每当夜静心闲时，我常感慨不已：人生在世，纵使能够颐养天年，也不过百年光景。茫茫人海无涯，在行色匆匆中，相遇的机会转瞬即逝，而我却能与王绣馆长在洛阳博物馆相识相知几十年，这是缘分，也是荣幸。"当庭始知春风煦。"温暖而美好的回忆，将伴我此生，唯有珍惜感念，方能不负福泽相佑。

（冯健）

情系小山村

王绣有许多朋友，上至达官显贵，下至山野村夫。这里，我想说的是她和宜阳县山区农民的故事。

2000年秋，洛阳市美协由王绣带队组织画家深入到宜阳花果山山区写生。山区的风景很美，青山叠翠，绿水潺潺，原生态的民居墙院和山间逶迤的小路都是写生的好素材。我们去的山里，仅住着十几户人家，看起来都还没有脱离贫寒，房舍破败，各家院子里晾晒的着土生土长的柿子、红薯和玉米。当地的向导小张对我们讲："这就是我们一年四季的口粮，我们这儿不少人家一辈子都没吃过一顿大米饭。"

写生过程中，大家到一户农民家中喝水，看屋里的老太太又瘦又小，头发花白，牙齿也全掉光了，当王绣问及老人家年纪，方知被他们称为老人家的那位老太竟比王绣还小两岁，一时间，大家唏嘘不已，感慨万分。再看老太家的房子，四壁透风，屋里面墙面像被火烧过似的黑乎乎的，揭开锅盖一看，锅里只有几个冰凉的红薯。此情此景，王绣心里直发酸，她掏出钱包，把身上带来的一千三百元钱全部给了小张："麻烦你了，用这点钱给他们买点大米，让他们也尝尝鲜，这生活太苦了。"后来，小张拿王绣给的钱去全部买成大米分给了这些农户，并告诉他们说："这是洛阳博物馆王馆长拿钱买的，让咱们改善一下生活。"

事情过去，很快王绣也就忘了。可到了

外出写生与山里孩子合影

1995年外出栾川写生

外出写生与山里孩子合影

临近年关的一天，背着一大包山核桃、柿子饼、玉米、红薯等土特产的小张风尘仆仆地敲门走进了王绣的办公室。他说："我们山里也没有什么好拿的，这些东西是村里人家伙儿托我带给您的，算是对您的一点感谢！"

看着这些满含心意的土特产，王绣自己忍不住眼睛酸酸得直掉泪，这些质朴的人们，真诚的情感让她不忍拒绝的同时也深深感动。她不能不收下这些东西，但又实在不愿意白白收下。她从兜里掏出两千元钱，塞到小张手里，诚恳地说："这些东西我全收下，非常的感谢，也理解你们的心情，但乡亲们真的日子过得太不容易了。这不正赶上过年嘛，这点钱你再给大伙儿买点大米，辛苦一年了，让乡亲们吃上顿可口饭。"临走，王绣还让小张带回不少洛阳地方风味的小食品给山里的孩子们尝尝。

人与人之间友谊的加深，总在你来我往中。转眼又是一年春节前，这回，小张拉着一辆架子车下山，带来了一只活羊和几只家养的小鸡，又到博物馆找到王绣。他说："这羊是自家放养的，吃的都是山里的草，喝的是山里的泉水，肉新鲜，味道好。小鸡是吃山里的虫子长大的，不喂饲料，肉特别的鲜嫩，都是活的。乡亲们委托我送来，说啥让馆长尝尝。"这回王绣怎么也不肯收，一再说乡亲的情意心领了，但东西一定要拿回去。可这小张说什么也不成，东西是非留下不可，不留不走，并且告诉王绣，说今年自己结婚了，孩子也有了，村里的日子也都开始抬头了，会越来越好，让王馆长无论如何放心。

听了这些话，王绣很是欣慰，最后只得收下礼物，并鼓励他和乡亲们在生活的道路上一定要不畏艰苦，要有信心，好日子总会来的。临别时，王绣又让他带回去了不少东西给大家。

再后来，小张走出大山去新疆打工了。每到过年，他总是不忘给王绣寄点新疆的大枣、葡萄干等特产，写信汇报自己的工作生活情况，字里行间充满了对未来的信心和憧憬。每当收到来信，王绣也总是会及时回信鼓励他好好干，把命运攥在自己手中，还一再叮嘱，日后如生活遇到困难，还来找她，一定帮忙解决。

一转眼，多少年过去，王绣与这个普通山民的通信一直保持不断。这友谊很真、很纯。她用自己善良的悲悯之心温暖着偏远的小山村……

（寇衡）

外出写生

1993年与杨中有、寇衡出访日本

肆

潮平岸阔

潮平岸阔

潮平岸阔：以史为鉴，初心不改

伫立在洛阳博物馆橱窗里的稀世文物，每天凝视着来往如织的游客，任凭物换星移，依然岿然不动。王绣说："谁非过客？它们才是历史的主人。"

年近八十岁的王绣仍旧精神矍铄，话匣子一打开，时常伴着清脆爽朗的笑声。有时画画累了，她会从工作室向外望去，看着窗外穿行的车辆，时常想起二十多岁初来乍到、蹬着二手自行车去摹绘文物的样子。

那时的她，不曾想到自己会与河洛大地联系那么紧密，而且一晃就是五十多年。历史文化是洛阳这座古都的华丽锦衣，锦衣之下，王绣倾尽大半辈子勾勒着洛阳文博发展的画卷。她说，几十年很短，只不过是历史的一帧。

永恒的文明

1949 年之后的洛阳，创造了让国人振奋的工业辉煌，相比火热的工业大潮，洛阳历史这张名牌显得有些平静。在临近千禧年之际，洛阳文博界正酝酿着一场前所未有的文物大秀。

"无论如何，钱要筹到位，文物要调拨到位，哪怕我腿跑断，嘴磨破，也要把这个展办漂亮。"1999 年 7 月，盛夏酷暑，时任洛阳博物馆馆长的王绣顶着烈日到市文物队和各县区调查文物库存情况。

当时，为庆祝中华人民共和国建国五十周年，"永恒的文明——洛阳文物精品陈列"

1994 年 4 月与廖汉生夫妇合影

正紧锣密鼓地筹备着，限期三个月完成。在彼时的洛阳文博界，这个文物展规模之大、精品孤品之多前所未有。

王绣携团队多次到上海博物馆、陕西历史博物馆、河南博物院等地取经，并最终确定了当时全国一流的半封闭式展厅方案。当时，洛阳博物馆旧馆年久斑驳，不少墙皮大块脱落，博物馆工作人员还需自行对其重新翻修。这只是开始，更多的难题纠缠着王绣，让她寝食难安。

经费捉襟见肘，王绣带人四处奔走，从政府到企业，从领导到朋友，从拨款到自筹，各种方法费尽心思。

老洛阳博物馆的文物馆藏数量和质量撑不起来这场大展，王绣给市委、市政府打报告，各文物收藏单位顾全大局，纷纷将各自最珍贵的文物拿出来支持。

提起这些文物，王绣如数家珍，古菱齿象化石、乳钉纹铜爵、汉墓壁画《车马出行图》、二里头遗址镶嵌绿松石的铜牌饰、永宁寺塔基泥塑、安菩夫妇墓出土的罗马金币……一时间，两千余件文物精品又让人犯了难，因为展厅有限，只能容纳一半展品。对于文博工作者来说，每一件文物都视如己出，弥足珍贵，王绣更是恨不得将每一件珍品展示给世人，但纵使百般遗憾，也只能撤去了一千余件展品。

"永恒的文明——洛阳文博精品陈列"荣获了国家文物局"1999年度全国十大陈列展览精品奖"。人们沿着史前时期、夏商时期、两周时期、汉魏时期、隋唐宋时期的历史年轮，惊叹于深邃古老的河洛文化。"做成了这展太不容易了，真的是把最好的'家底儿'都亮出来了，很多洛阳人都吃惊，咱有这么多宝。"杖朝之年的王绣止不住笑出声来，二十多年前的事仿佛就发生在昨天。

这次文物展是洛阳文博工作发展的标志性事件，不仅盘点了洛阳的文物身家，让国

1994年8月洛阳博物馆参加洛阳市庆祝新中国成立四十五周年歌唱比赛并荣获第一名

1994年为澳门立法会副主席何厚铧作画

内外的专家、游客"开了眼"，重新认识了洛阳，还成为洛阳博物馆的点兵场，因为多数稀世珍宝展后长存于此，得以重回大众视野，接受近在咫尺的凝望膜拜。

时代的选择

从哈尔滨师范学院艺术系毕业，又因"文革"待分配两年后，王绣在1968年来到了洛阳文化局龙门石窟研究所，从冰天雪地的东北到四季分明的中原，周遭的一切陌生得让她有些恍惚，唯独卢舍那的神韵在她心里打下了深深烙印。

依靠自己扎实的美术功底，王绣在做泥塑《收租院》时独立完成了七尊人物。三年后，位于周公庙附近的洛阳博物馆旧馆修建完成，她被调到这里做美工，并参加隋唐东都含嘉仓遗址发掘工作，因为当时相机拍摄都是黑白照片，缺乏鲜活的色彩，所以她每天对着遗址中的草、灰、腐木、残缺的席子、

1993年3月李兆峰为洛阳博物馆捐款一百万

1995年接待埃塞俄比亚总理一行参观博物馆

1993年4月接待菲律宾德·维尼西亚一行

在新馆接待国家文物局时任局长单霁翔一行

斑驳的古砖……分门别类地进行现场绘图和文物写生，为日后的研究留下了大量的文物史料。

中央新闻纪录电影制片厂制作了一部含嘉仓遗址发掘过程的纪录片，连王绣都毫无察觉，工作状态中的自己被镜头记录了下来。在影视资源匮乏的年代，这短短的数秒钟，引来了不少儿时伙伴和同学的惊羡，王绣因此独自窃喜了好一段时间。

王绣自小接触俄罗斯油画，对国画了解甚少，好在她学过工笔画，素描基础好。除了美术，王绣还师从书法名家游寿(1906～1994年，我国著名教育家、考古学家、古文字学家、历史学家、诗人和书法家，李瑞清、胡小石这一金石学派的重要继承人，与江南的萧娴并称为"南萧北游")，尤其是"文革"期间练就了一手美术字，这些都为她日后摹绘大量古墓壁画打下了基础。

那段时光，王绣每天背着画具，蹬着淘来的二手自行车，穿梭在潮湿阴冷的遗迹和古墓之间，两千多年前西汉卜千秋壁画墓、战国车马坑、白马寺观音菩萨重塑与修复、新莽时期的壁画墓……在汗水和泥土中敛声屏气、爬上爬下，全然忘却了那是女人最爱梳妆打扮的年纪。

随着改革开放经济大潮的涌动，王绣开始考虑如何让洛阳文物走出去。1983年，已经担任洛阳博物馆陈列部主任的王绣提出了一个大胆的提议——让洛阳文物南下。

她在湖南参加一个学习班时，与同班来自广州、佛山的文物专家相谈甚欢，话题的中心正是洛阳唐三彩。回到洛阳后，她通过信件与广州、佛山两地博物馆沟通，筹划带着最具代表性的洛阳唐三彩文物前去交流，举办"洛阳唐三彩展览"。

这引发了不少人的顾虑，文物损坏谁赔？路上安全如何保证？一系列的质疑之声不绝于耳。"我负责，文物有任何闪失我无条件接受处罚。"在王绣决绝的态度中，相关领导也考虑再三，决定让王绣"赌"一下。

陪同中国国家画院院长卢禹舜参观洛阳博物馆

1993年接待印度总理一行参观洛阳博物馆

2019 年受邀参加韩国扶余郡中韩艺术交流活动

在工作室与学生合影

在工作室与学生合影

2021 年"王绣牡丹扇面精品展"留影

1995 年参加第四届世界妇女大会

与学生合影

1995 年参加第四届世界妇女大会

2008 年亲自筹划美术家举行"团结起来、抗震救灾"义捐活动

随着汽笛声响，一列载着王绣等人的绿皮火车慢慢消失在夜色中。三十个小时的路程，王绣忐忑难眠，迎接他们的将是怎样一番新天地？她的心情就像窗外忽浓忽淡的迷雾。

最终，这场展览在当地引起了很大的轰动，甚至很多外宾都流连忘返，一百余件流光溢彩的唐三彩让人们目不暇接。

随王绣团队南下的还有一大批唐三彩复制品，并被销售一空。在那个没有"文创产品"概念的年代，王绣的这种开创性做法也为洛阳博物馆带来了一笔不菲的收入。王绣说，是时代使然，改革开放让人敢于突破思想的桎梏，尝试新东西。

文物的库房

王绣始终忘不了卢舍那那张美得不可方物的脸，20 世纪 80 年代的洛阳没有现在这般开放包容，她渴望更多人能站在卢舍那的脚下，沉溺在它一眼千年的眼眸里。

有了南下成功的经验，王绣更加笃定，想要让更多人为洛阳的历史慕名而来，洛阳文物必须先走出去。

1989 年，一次机缘让王绣结识了日本的文物保护工作者，在双方的积极努力下，"大三彩"展（展品涵盖唐三彩、辽三彩、波斯三彩、奈良三彩）在日本东京世田谷美术馆、熊本县立美术馆、冈山市立美术馆、神户市立博物馆巡回开展，所到之处无一不是人满为患。这也是洛阳文物首次走出国门，也为日后在美国、法国、日本、韩国、意大利、比利时、瑞典、澳大利亚等二十多个国家和地区独立或合作举办文物交流展览打下了根基。

王绣始终认为，文物不应该是深藏闺中，让后人通过它们去了解这片土地上的沧海桑田，是文物的使命。那时的文物发掘工作方兴未艾，考古队的仓库里，各种珍贵文物拥挤在仄陋的空间里。王绣眼瞅着这些"宝贝"，止不住地心疼。她说："文物是洛阳的城市

2006年为014中心老干部活动中心作画讲课

2010年为中国艺术研究院讲课

1995年与刘少奇夫人王光美女士合影

符号，文物散落各地，是城市的损失。"

她积极与日本、韩国文物保护机构成立"文物修复学习班"，还不停地往国家文物局、省文物局等单位跑，筹集资金，用最终筹集到的三百万元建成了豫西最大文物库房，为洛阳文物的保护立下了汗马功劳。

1990年，王绣升任洛阳博物馆馆长。之后的数十年，她数不清自己主持筹划了多少场洛阳文物国内展、国际展，也数不清有多少个国家代表团因文物造访洛阳，但她始终忘不了那场得意之作——"永恒的文明·洛阳文物精品陈列"，那是洛阳博物馆建馆以来破茧成蝶的扛鼎之作。

王绣的几十年都在为洛阳文博据理力争。1973年，为迎接柬埔寨西哈努克亲王访问洛阳，经周恩来总理特批，两千六百多件文物自故宫慈宁宫大佛堂拨至洛阳，这批文物大部分留在了洛阳博物馆，其中就包括洛阳博物馆镇馆之宝之一的金丝楠木塔。故宫博物院两次希望让这些文物"回京"，都被王绣婉拒了。

单霁翔从国家文物局局长调任故宫博物院院长后，见到王绣曾打趣说什么时候把借拨给洛阳博物馆的故宫文物归还，王绣说："不还，那是周总理特批调拨的，我们也会保护得一样好。"

使命的延续

2002 年，就在王绣即将退休解甲归田的时候，她荣获了国务院颁发的政府特殊津贴。伴随荣誉而来的，还有一个更大的使命。经当时洛阳市委常委会决定，市委组织部下发文件，决定让王绣继续担任洛阳博物馆馆长一职，主要筹备洛阳博物馆新馆的建设。

为了站好最后一班岗，六十多岁的王绣带团队到山西、陕西、苏州等各地考察学习，亲力亲为参加设计、陈列，到各地调拨文物精品，很多后辈看到她的精神头儿，都心生敬意。

2011 年 4 月 16 日，洛阳博物馆新馆正式面向社会公众开放。盛大的开馆仪式上，来自全国各地的文物专家和领导到场庆贺，时任国家文物局局长的单霁翔不停地寻找王绣的身影，还询问工作人员："怎么没有见王绣老师，她可是这个馆最重要的人啊。"单霁翔不知道，在两个月前，王绣正式卸任洛阳博物馆馆长。未到场的原因，王绣不愿透露，也许她认为自己的使命已经完成。比起闪耀的聚光灯，她更愿意回归初心，尽心本分地做一个文物保护者。

《天香秀色》
69 厘米 × 68 厘米
纸本设色
2007 年

1995 年在法国办展，与图尔市长巴约夫人合影

1999 年接待全国人民代表大会领导司马义·艾买提

在洛阳博物馆为周韶华老师举办个人展

1997 年 4 月与著名画家、广东省美术家协会副主席陈永锵合影

1998 年接待文化部部长孙家正一行参观博物馆

1999 年与著名书法家、中国书法家协会前主席沈鹏合影

2000 年 8 月洛阳市访日团留影

2002 年 11 月在黄永玉家中

1998 年 4 月接待日本橿原市政府代表团

1995 年主办周彦生工笔花鸟画展

1995 年主办周彦生花鸟画展，与李伯安、嵩志合影

主办李伯安遗作展

现在的洛阳博物馆从旧馆的 1000 多平方米，扩大到了 4.2 万平方米，文物数量也达到了 23 万余件，光国家级文物就有 300 多件。王绣也从美丽率真的姑娘变成温润如玉的长者。王绣说："做这个工作几十年，越发对文物有一种敬畏，任何人的得失荣辱太渺小了，跟它们相比都不足挂齿。"

2006 年 6 月，王绣被国家文物局授予"全国文物保护先进个人"，这是对她大半辈子工作的肯定，更是对她做人品质的褒奖。说起这项荣誉，王绣来了兴致，"过去为修建场馆、文物保护筹资，为调拨文物办展，多少次和国家文物局领导急赤白脸，他们都觉得我是个刺儿头"。说完，王绣哈哈大笑起来。

往事涌出，王绣感激之情溢于言表。洛阳博物馆申报国家级博物馆之前，她心里没底儿，询问"报国家二级博物馆够不够资格"。"这么保守，洛阳博物馆不申报一级谁报一级。"时任国家文物局办公室主任的刘曙光（曾于 1975 ～ 1978 年在洛阳市邙山公社插队，1982 ～ 1983 年任洛阳地区文物保护管理处干部）打断了她。2008 年，洛阳博物馆跻身首批国家一级博物馆，这是洛阳博物馆的又一次飞跃。

2014 年，洛阳"双申遗"（丝绸之路和大运河）成功，多年的梦想终于变成现实。王绣说："申遗时，单霁翔极力为洛阳正名，我永远忘不了他那句'丝绸之路东方起点必须是洛阳'。"

聊到国家文物局原局长张德勤、张文彬（曾于 1963 年任洛阳博物馆馆办负责人），省文物局原局长杨焕成、常检传、陈爱兰……王绣言语变得柔软起来，"他们对洛阳文博的业务建设、文物保护、对外

1996年接待韩国国立中央博物馆馆长郑良模一行

1996年郑文瀚将军为洛阳博物馆捐赠明清字画并参观博物馆

陪同刘典立参观日本书友社展览

郝石林从艺六十周年书画展留影

与孙梅芳合影

交流都给予了很大的关怀和帮助"。

2013年至今，王绣连续当选第十二届全国人大代表和第十三届全国人大代表，她在这个更大的舞台继续不遗余力地讲着属于洛阳的故事……

王绣怀念年轻时踌躇满志、以为手可摘星辰的自己。虽然她已然是洛阳文博的一杆大旗，但她还是感叹："感觉好多事没做完就老了。"有些人，注定要为一个事业倾尽所有的。对王绣来说，这句话不是华丽的颂文，不管是命运的安排还是自己的选择，她已经做到了。

（孙梅芳）

接待美国时代华纳集团总裁夫人柯尼参观洛阳博物馆

洛阳市博物馆与韩国国立扶余博物馆缔结友好馆签字仪式

赠送美国时代华纳集团总裁夫人牡丹画作品一幅

洛阳文物精华展开幕仪式

接待比利时博物馆馆长

接待美国大都会博物馆馆长

花王"绣"色 仪态万方

王绣老师于我，是老师，是闺蜜，也是母亲。

时间真如白马过隙，王绣老师转眼就八十岁高龄了。此刻，窗外的北京已是冬夜，挂着零星泛黄树叶的树枝随风摇晃，思索着我与王绣老师的过往，心绪难平。

认识王绣老师是太早的事儿了，那时的她已是洛阳家喻户晓的名人。我时常拿着作品到王绣老师的工作室向她请教，她每次都会在百忙之中为我指点，哪儿画得好，哪儿用笔不对……还经常拿起画笔亲自给我做示范，我大概是看王绣老师挥墨作画最多的学生吧。

如今，我已经从风华正茂的年轻人变成了中年人，王绣老师也变成了一位成就斐然的老艺术家，但第一次随王绣老师外出的记忆却久久萦绕在我脑海。

在一次文化交流活动中，主办方安排我和王绣老师同住一个房间，也是我和王绣老师老师第一次长聊。我问她："历史上有许多画家表现牡丹，但成功者很少，您是怎么画出牡丹气韵的？"王绣老师从她对牡丹的

与陈钰铭（右二）、范一冰（右一）合影

与范一冰合影

《春韵》 70 厘米 × 36 厘米 纸本设色 2014 年

《繁华》 65 厘米 × 33 厘米 纸本设色 2016 年

《紫艳飞春》 65 厘米 × 33 厘米 纸本设色 2016 年

《洛浦春浓》
138 厘米 × 69 厘米
纸本设色
2000 年

认识、牡丹的历史典故，讲到牡丹的富贵外表和内涵精神，还有以牡丹喻人的高贵品格。那晚，我真正理解了王绣老师笔下的牡丹精神，回想起来，好像就在昨天。

王绣老师是东北人，大学毕业后分配到洛阳工作，这里深厚的文化底蕴深深吸引着她，她爱这座城市，爱这里的厚重，爱这里的牡丹。

在当代，王绣老师是用水墨形式表达牡丹精神的第一人。她完美展现了牡丹的富贵气质和高贵品格，并一时"洛阳纸贵"，求画者络绎不绝。王绣老师将牡丹画这个题材推向了一个前所未有的高度，并影响至今。

有一次，我随王绣老师去香港举办画展，让我吃惊的是，王绣老师竟把卖画所得全部捐出，在河南汤阴兴建了一所希望小学。几十年来，王绣老师做了数不清的这种善举，慈善已经成为她人生中一项重要的事业。

2012 年，我喜闻王绣老师当选全国人大代表，这是对她社会工作和专业成就的肯定。她也更忙了。为了帮孟津平乐镇农民脱贫致富，扶持农民画家，王绣老师把自己多年来出版的画册和绘画技法都毫无保留地送给了这里的农民画家，帮助他们把牡丹画做成产业发展经济，并多次深入农民中间，手把手地教授绘画技法，为平乐农民牡丹产业和脱贫致富做出了巨大贡献。

2018 年，孔紫（现任中国女画家协会主席）牵头成立中国女画家协会。中国女画家有了自己的组织。王绣老师当选为常务理事。她高兴之余，也深感自己远在洛阳，不能为协会做日常工作，便向协会捐赠了自己的作品。

第二年，鉴于王绣老师的艺术成就和人品风范，经中国女画家协会常务理事会研究通过，王绣老师成为中国女画家协会顾问。我去看望王绣老师时，她兴奋地对我说："中国女画家协会是国内女画家的艺术殿堂，能在有生之年成为女画家协会顾问，感到非常高兴！"

2018年7月，黑龙江省女画家协会成立，协会主席宫建华代表黑龙江省女画家协会邀请王绣老师担任协会顾问。对来自家乡的邀请，王绣老师欣然接受，不仅捐赠作品支持，还应邀亲自到哈尔滨参加活动，全力支持黑龙江省女画家协会的工作和发展。为此，宫建华主席曾感动地对我说："王老师无论画品还是人品都是我们女画家学习的榜样，她取得了那么高的成就，却始终关心我们女画家群体，她的大爱和支持让我感动，我们黑龙江女画家感谢她，我一定把黑龙江女画家协会的工作做好。"其实王老师这么多年的无私奉献，同样深深地感染着我，她在我们心里永远是榜样和标杆。

作为从洛阳走出来的女画家，也是王绣老师的学生，多年来伴随她身旁，既目睹了她在艺术上的丰硕成果与巨大成就，也亲历了她对洛阳美术事业发展所灌注的心血与付出，更看到了她给予洛阳年轻一代画家的支持与厚爱。

多年来，王绣老师对洛阳美协和洛阳女画家协会等各组织不遗余力的支持，捐款、捐赠作品不计其数。几十年来，她不仅注重培养年轻艺术家，更是在经济上大力支持他们。如今，洛阳美术事业的蓬勃发展离不开王老师的无私奉献与大力支持。洛阳美协主席张

与学生范一冰合影

建京曾对我说："王老师就是我们洛阳画家的榜样和骄傲。她几十年来对洛阳美术事业发展所给予的各种支持与帮助，将在洛阳美术史上写下浓墨重彩的一笔。王绣这个名字就是一枚红色印章，早已深深地印刻在了洛阳这块土地上。"

这么多年，我在王绣老师的身上学到了很多、感悟了很多、成长了很多……岁月在变，不变的是王绣老师对洛阳、对牡丹画、对每一名后辈的深远影响。王绣老师永远是我的授业恩师，我的学习榜样，我亲如母亲的家人。

（范一冰）

《红艳芳香》

45 厘米 × 45 厘米

纸本设色

2001 年

《天香秀色》

45 厘米 × 45 厘米

纸本设色

2001 年

《富贵吉祥》
138 厘米 × 69 厘米
纸本设色
2000 年

三见平山郁夫

这些年，王绣经常参与中日友好人士的交流活动。每每提及日本友人，王绣总会想起平山郁夫先生。

王绣对平山先生满怀崇敬之情，不仅因为他在绘画领域享有盛名，而且是被他的人生传奇和中国情结所打动。平山郁夫少年时，因遭广岛核弹辐射而染上了白血病，却依然自强不息，矢志于画。机缘巧合，平山读到了玄奘的故事——那个不畏艰险、手指前方、满怀希望和使命感的大唐高僧成为他追慕的偶像。不久，平山郁夫凭借画作《佛教传来》获得大奖，依靠接二连三的大作，跻身日本顶尖画家之列。此后，他更是身体力行，追随玄奘的足迹，七十余次行走于丝绸之路，行程累计80万公里。在长年跋涉中，平山郁夫的白血病渐渐痊愈，他也愈发坚定地把拯救人类文明、保护人类文化当成了自己的重要使命。

在敦煌，他不仅自己慷慨解囊，还帮助当地争取到日本政府一千万美元援助资金，用以石窟保护。作为玄奘故里所在地，平山先生曾数次履及洛阳。在洛阳，他对龙门石窟的研究和保护情有独钟，曾担任龙门石窟（国际）研究保护学会日本分会会长。他利用自己的身份和影响，为龙门石窟的研究、保护、宣传，乃至申报世界文化遗产，都做出了积极有益的贡献。

平山先生被誉为"当代玄奘"，曾任日中友好协会会长，获得中国颁发的"文化交流贡献奖"。

王绣说，她以为自己能三次见到平山郁夫先生为荣。

为龙门石窟申报世界文化遗产，
与平山郁夫先生在奉先寺举办笔会

与洛阳市原市长刘典立合影

第一次，是在1988年的洛阳友谊宾馆。平山先生时任联合国教科文组织亲善大使，专程来洛阳考察。在两国友好人士的见证下，王绣为平山先生献上了一幅自己精心创作的工笔牡丹图。平山先生接过画，连说"喜欢、喜欢"，反复致谢称"荣幸之至"。见面虽然短暂，但平山先生的亲切谦和，深深印在了王绣的脑海里。此后人生路上，王绣也把这种亲切谦和融入了自己的气质中。

第二次，大约是1996年，在洛阳博物馆。龙门石窟将要申报世界文化遗产，七十岁的平山郁夫先生再次来到洛阳考察，顺便到洛阳博物馆参观。洛阳博物馆的珍贵馆藏让他着迷，他当场打开画本，对着唐代陶俑、武士俑、骆驼人物俑进行写生。看到平山先生站着画画，王绣连忙让工作人员为他取来椅子，倒上开水。平山先生笑着致谢之后，索性脱下西装，搭在椅背上，专心致志地画了起来。王绣静静地站在平山先生身后，欣赏着这位美术大师写生。平山先生曾任东京艺术大学校长，他的速写造型严谨、准确，线条极为流畅，运笔如飞。平山先生扎实的绘画功底、敏锐的艺术感觉，让王绣暗自赞叹。那天，平山先生放弃了接待方的其他安排，流连在博物馆作画，一直到天黑，一边画，一边赞叹洛阳文物的精美。这次见面，平山先生对艺术的痴迷深深打动了王绣。此后的她，无论工作多忙，也不忘在艺术上执着追求，不断精进。

第三次是2007年，在首尔的韩国中央国立博物馆落成典礼上，中国国家文物局副局长、中国国家博物馆馆长、南京博物馆馆长和时任洛阳博物馆馆长的王绣分别应邀出席仪式，平山夫妇也出席了典礼。在韩国中央国立博物馆门口，王绣远远看到了平山先生，还没来得及打招呼，平山先生已经认出了她，并笑着把她介绍给夫人。他和王绣亲切握手、拍照留念。王绣关心地问候平山先生："好久不见了，您的身体好吧？"平山先生回答说："还好，只是有一点点……"说到这儿没再说下去。两年后，平山先生因脑梗塞在东京去世，享年七十九岁。

得知平山先生离世的消息，王绣悲伤不已。她至今依然感叹：中日之间如果能多一些平山郁夫先生这样的友好使者，那该多好啊！

（刘典立）

2005年10月与平山郁夫先生
在韩国国立博物馆合影

1999年接待日中友好协会会长平山郁夫夫妇，并参观洛阳博物馆

安特卫普的故事

人生路上，如果没有遇到过几个小插曲和值得回味的故事，那就显得太没色彩，太平淡乏味了。比利时的安特卫普市，是王绣难忘之地。

2000年3月，洛阳博物馆和龙门石窟联合在比利时安特卫普市博物馆举办文物展。由于该馆是第一次展出中国文物，所以十分重视。他们特别邀请王绣到比利时进行筹展前的审查和出席开幕式。促成这次活动的中间人和赞助商是毕思蔻女士，她小王绣十几岁，喜欢中国文化，懂文物，是个文物收藏家，曾多次来过洛阳。这次，王绣为毕思蔻女士带了件黑色印有红花图案的中国唐装。毕思蔻试穿一下，肥瘦长短正好，她喜欢极了。"开幕式上我就穿这件，肯定是个亮点。"说完，她又瞅了瞅王绣，大概觉得她的衣服不够鲜亮，与自己美丽的唐装不般配，也或者是感觉欧洲人穿中式服装、中国人欧式打扮更有意思，所以自作主张，准备要按欧洲的审美，把王绣打扮得漂漂亮亮在媒体前面亮相。于是，她驾车拉上王绣直奔巴黎，到世界"时装之都"为王绣挑选衣服，一连走了好几个时装店，最后选中一件苹果绿长裙，

外搭淡黄色小衫，再配一件绣花外套，既有知识女性的妩媚，又很有时尚感。王绣长得娇小，裙子穿着有点长。毕思蔻回家后又亲自动手把长裙改短，还把王绣的头发做成了大波浪，为她戴上美丽的项链。一切打扮妥当，她笑盈盈地说："这才对了。展出这么漂亮的文物，只有漂亮的人才能为它剪彩。"

当天的开幕式酒会云集了各界名流。王绣和毕思蔻这对中西合璧的佳人一露面，就成了开幕式上最大亮点，现场一片赞扬，媒体的闪光灯对着两位女士闪个不停，以至于其他人都被冷落在一旁。

开幕式后，不少人围着王绣，提出各种有关中国文物方面的问题，还有的拿出自家的文物请她做鉴定。在这些人中，有一位风度翩翩的中年人K先生，眼光一直追随着王绣的身影。他会说一些简单的中文，中场间隙时，走到王绣面前，极力赞美王绣的美丽、优雅，毫不掩饰自己对东方女性魅力的向往和迷恋。K先生喜欢收藏，向王绣提出了许多问题，王绣都一一做了解答。后来，不知是王绣过于敏感，还是K先生的拥抱力度与常人不同，总之，那种拥抱的感觉和其他人

2001 年在比利时办展与毕思蔻合影

在洛阳接待毕思蔻

不一样，传递的似乎不仅仅是友谊，还有些超乎友谊之外的东西。

事后，王绣也没有再多想，转眼就忘了。回到洛阳不久，K 先生就给王绣寄来了许多中国古代绘画资料，并提出一些问题请王绣解答。同时，他还附上了一封长信。王绣怕馆里的人翻译不好，就特意请洛阳解放军外国语学院的一位教授帮助翻译。过了几天，教授来到王绣画室，一进门就冲着王绣使劲笑，笑得很不正常，王绣问他是信有什么问题么？教授问王绣："你和 K 先生是否有私密关系？"王绣老老实实地说："没有啊！"这时，教授才把信的内容跟王绣一五一十讲了一遍。他说，K 先生说自己是单身，他喜欢你，向你示爱。问你是否也是单身，如果是，是否可以和他组成一个家庭，他可以到中国来。如果你同意了，就回信告诉他。教授这么一说，王绣顿时感觉好尴尬。早知道是这内容，说啥也不能请外人翻译。不过，转瞬间，她就笑了起来："我是个有丈夫有儿子的人，他又小我十多岁，这怎么可能呢？"后来，王绣并没有给 K 先生回信，只是给他寄了厚厚一摞有关中国文物的图片和资料。大概 K 先生没等到回音，自知无望，也就放弃了。

事过多年，偶然又重提此事，王绣此时才觉得自己做法有点欠妥。人家表达喜欢你、爱你的真实想法，不管接受或不接受，都应该真诚地告诉对方自己的情况，婉言谢绝，而不应该如此失礼。不过时过境迁，往事随风，一切都早已化作云烟了。

一次异域之行，一场短暂邂逅，美丽的相约，单恋的美好，欧洲人的率真和勇敢，带给王绣一段不同寻常的回忆。

难怪，王绣会说："真是难忘安特卫普，毕思蔻给我美丽，K 先生让我尴尬。"

（孙海岩）

"卖画风波"

王绣，骨子里是个自信和自尊满满的人。

1986年，福岛县须贺川市与洛阳结为友好城市。受我们之邀，洛阳组织了书画家进行访日文化交流，日本接待方负责人是日中友好协会理事长水野正男先生。按事前约定，中方带来的书画作品要在赤鸟百货店展厅做一场书画展销。展销必然要涉及价格。起初，接待方提出的价格很低，甚至有的书画作品才标价五六百日元。在日本，这只是买个手绢的价格。可能是出于女性的直觉，王绣认为日方是有意在压低价，试探这些书画家的交易底线。书画是有价值的，钱可以无所谓多少，但是中国画家的价值不能随意贬低，这是她不能接受的。于是，王绣果断提出，来访的书画家都是在洛阳有一定身份、一定名气的，是代表一个城市文化水平的作品，如此低的报价根本就是对中国画家的不尊重，如果我们接受就等于自贬身价，不能丢了洛阳人的脸，丢了中国人的脸，所以价格必须往上提。

1992年在日本福岛现场作画

1992年在日本福岛

接待方的工作人员争辩说，如果价格定高了，可能一张也卖不出去，只有价格定得低些才好卖，带来的画都卖光了，双方面子上都好看。

双方交涉过程中，中方代表团的领队也有些妥协的意向，跟王绣说，咱是人家请来的，在价格上与人家斤斤计较，显得咱太小气，影响也不好。也有个别书画家产生了松动，说是别跟人家争了，他定多少就是多少吧！

倔强的王绣说什么也不肯让步，坚持自己的观点：这不是钱的计较，而是对艺术家是否给予足够尊重的问题。书画作品不是普通商品，放在生产线上就能批量生产。它是艺术品，每一件作品都代表着画家的心血，是用心创作出来的。讲友谊，也得讲道理，友谊和价格不是一码事。大家想想，如果你呕心沥血作的一幅画只卖个手绢钱，大家心里啥时候想起来都不舒服，能平衡吗？能增进友谊吗？

一方是想息事宁人，一方是要据理力争，这么说着说着，一时间都争执不下。后来，忍无可忍，王绣当场就急眼拍桌子了："这价格，要卖你们卖，我不卖了。大不了再拿回国去，我们本来就不是为挣钱而来的。"这样一来，原本想妥协的那些人也觉得不好再坚持己见，转为沉默了。

接待方见此，无奈也只好让步："王先生，你说标价多少合适？"王绣坚决地说："我们这些画作的价格应该跟你们本国同一层面的画家作品大致相仿。大一点的三到四万日

在日本举办中国书画、篆刻现场作画贩卖会

《富贵仙子》
69厘米 × 69厘米
纸本设色
1994年

元，小一点的五千至八千日元。如果真有卖不出去的，愿意降价自己定。"

最终，接待方接受了王绣的建议，更改了展销价格。后来几天的结果远远出乎了接待方预料，画家们的作品销得非常好。王绣带去的八幅牡丹作品，除两张送礼外，全部在标价范围售出。她现场作的十多幅画也一抢而空。整个代表团共带去五六十幅作品，也全部被抢购一空。

听说，在返程路上，王绣跟洛阳的书画家讲："我说的没错吧，讲友谊，也得讲道理。越奴才相，人家越看不起你，反倒我们坚持公理，他们就会更尊重。"这场"卖画风波"，连我们日本人也不得不钦佩她的勇气和自信。

事实证明，"卖画风波"并没有影响王绣和水野先生之间的友谊。1991年，王绣为日本冈山市长泉寺画了一幅大牡丹图，日方给出了一百万日元的高价。2007年，王绣在日本又举办画展，水野先生专程代表市政府赶到东京，为王绣画展送上了五十盆盛开的牡丹花以示祝贺。王绣作为回礼特为须贺川市长画了一幅牡丹画，市长将这幅象征友好的牡丹画捐赠给了当地的博物馆，并给王绣送来了该博物馆的收藏证书和牡丹图案的漆盒礼品，还有市长的签名。

（盐泽裕仁）

作画钓鱼台

钓鱼台国宾馆坐落于北京海淀区玉渊潭东侧，是中国古代皇家园林及现代国宾馆建筑群。金代章宗皇帝完颜璟曾在此垂钓，"钓鱼台"因而得名，迄今已有八百余年。

去过钓鱼台国宾馆的人，都知道那里就是一座艺术宫殿。各个多功能厅、会见厅、卧室、走廊甚至卫生间，随处可见陈列的艺术珍品。这些收藏大致分三类：古董、字画、家具，有数千件之多。众多的珍贵收藏品，王绣的牡丹画就在其中。

说起王绣到钓鱼台国宾馆作画还真有故事可说。1994 年 11 月，李铁映到河南视察。他发现王绣的牡丹画画得特别热烈、喜庆，画出了"国色天香、花中之王"的风韵。当时就想在接待外宾的钓鱼台国宾馆里挂一幅牡丹图，既体现中国人民的审美特色，又能让外宾感受到牡丹的雍容典雅、富贵祥和。于是，视察结束后，他邀请王绣和他一起乘专列到北京，让她为钓鱼台国宾馆作画。

第一次乘中央领导的专列，王绣心中的紧张多于兴奋。中央领导请她到钓鱼台去作画，荣幸之余还是很有压力的。因为她早就听说过，钓鱼台收藏的画作中，有明代吴门高手钱穀、浙派名家张蓝瑛、华亭派代表董其昌的妙笔丹青；有清代娄东派方士庶、金陵派高岑、清初四王之王翚、扬州八怪之郑燮等的精品笔墨；有中日之间的文化使者沈铨、海派大师吴昌硕的倾力之作。近代画家齐白石、黄宾虹、徐悲鸿、潘天寿、刘海粟、陈半丁、朱屺瞻、李苦禅、李可染、傅抱石、吴作人、叶浅予、黄胄等大师的笔墨精品皆在展列。和那些大家相比，自己显然是太稚嫩了，但转念一想，每个画家都有自己的强项和特长，画牡丹她还是充满自信的，当务之急是要做好准备。这一路，王绣无心欣赏窗外景致，一心一意构思牡丹画稿，暗下决心一定要把牡丹统领群芳之美画出来，留在钓鱼台。

到了钓鱼台，王绣受到国宾馆管理局领导热情接待。迎接宴毕，领导引领她到各楼转了转，讲一些外国政要发生在钓鱼台的故事。比如 18 号楼，美国总统尼克松来华"破冰之旅"的下榻处，宴会上，尼克松展示了他练习半年多的"筷子功"。14 号楼，则是中韩建交的"温室"……对此，王绣听得津津有味。到了 8 号楼，领导对她说，你就在

1994 年 11 月为北京钓鱼台国宾馆作画　　　　　　　　　　2019 年在洛阳接待韩国客人

2022 年与洛阳美协主席团合影　　　　　　　　　　　　2022 年王绣老师艺术座谈会

这儿画牡丹。

来到钓鱼台，紧张一路的王绣反倒不急于画牡丹了。她东走走，西看看，见有大家的画作，就停下脚步，边欣赏学习，边酝酿感觉，直到彻底把自己融入钓鱼台国宾馆的艺术气场中时才展纸挥毫。此刻，已经心中无他。

有些画家作画时不喜被人围观，而王绣则是敞开让大家看。在她作画过程中，宾馆的工作人员常三三两两凑上前瞧画。王绣和他们轻松地边聊边画。服务员们也喜欢她，今天这个说想要张画，明天那个也说想要。王绣也不吝啬，得闲时，就为她们画些牡丹小扇面。林林总总粗算下来，送出去了二十多张画。

几天过后，王绣的《国色天香》牡丹画完成。宾馆领导非常满意，向王绣表示了深深的谢意，还殷勤邀请她常来。

（任静华）

豁达人生二三事

但凡名人身边，总有阴影相随，那就是打不尽、除不完的盗版作品。

书画盗版，涉及侵犯知识产权，应在打击之列。国家也屡次出过重拳打击，无奈利益驱动，盗版作品就像割韭菜似的，割完一茬又生出一茬，打而不绝。著名作家、书法家、画家被盗版搞得疲惫不堪甚至愤怒至极的事例时有耳闻：余秋雨为打击盗版书打过官司，吴冠中撕过要上拍卖会的画……渐渐地，许多名人大家不再耗时费力与盗版者纠缠，既伤神又伤身，赔不起时间也生不起气。据说，大画家范曾为此还刻过一枚印章《伪我者鄙》，但他终究也只是奉劝自己从盗版的烦恼中解脱出来而已。大书法家欧阳中石就针对自己名字被别人拿来乱用这样调侃过："我得感谢这些人。第一，出书法集应该由我来做，但我太忙，人家找不到我。第二，人家很冤枉，明明是人家耗费了时间，人家写了字，还得写成我的名字，多冤啊！"

王绣，作为著名的画家，自然也难逃盗版之扰。最初，她也因此而气愤、追责过，后来经历得多了，不再纠结苦恼，变得越来越淡然与豁达。

中国当代牡丹艺术大展画家合影

一次，她陪画界的一个朋友逛洛阳丽景门书画一条街。在一个拐角处逼仄的小店铺里，她随口问了一句："你这儿有王绣的画吗？"那女店主并不认识王绣，说："你要吗？到里面来。"王绣随她来到里屋，墙上果然挂着落款王绣字样的牡丹画，而那画分明不是出自她手。她心里多少有些来气，正想发作时，画店的男主人回来了，他是认识王绣老师的，忙不迭地说："王老师，对不起，真是对不起。"说着，就拿过梯子准备上去摘画。王绣拦住店主，又仔细看了看墙上的画说："你画的牡丹也不错啊，干嘛非得仿冒我的？"店主长叹一声说："咱那画，尽管标价不高也卖不出去啊，哪像您的画这么好卖。说老实话，我除去房租，一个月都挣不了几个钱。"王绣这才四下打量了一番。小店铺简陋拥挤，看样子店主说的是真话，她不由得心里一软，冲店主挥挥手说："算了，算了，你卖吧，别要太高的价。"说完，转身就走，只留下店主愣在原地，感动得热泪盈眶。

走出小店，王绣一行又继续往前。经过一家书画店门口时，她一眼就看到地摊上摆着天津美术出版社为自己出版的《牡丹画技法大全》，这本书已经被出版社再版十二次，依然供不应求。她走上前随手翻了两页，就已经看出这是盗版书，而且旁边的纸箱里还有好几本盗版书就那么明晃晃地摆在那儿。王绣扫了一眼正蹲在地上忙活的摊主，像没看见似的，扭过脸就走开了。

《总领群芳是牡丹》
50 厘米 × 50 厘米
纸本设色
2002 年
日本须贺川市国立博物馆收藏

还有一次，王绣去景德镇画牡丹青花瓷。刚一下车，当地的朋友就很惊讶地问："咦，你的牡丹青花瓷不是昨天刚装箱发到洛阳吗，怎么又来了？"王绣一听，知道又遇见"李鬼"了，有人假冒自己名字又在牡丹青花瓷上做了手脚。回到洛阳后，她略一打探就知道了仿冒者是谁，却并没有采取什么行动。身边的人问她为什么？她淡然一笑："他不道德，能不能自省是他，但我不想与他结怨，弄出动静，岂不是砸了他的饭碗跟脸面？"

王绣这人就是这样，她不是不知道盗版的危害，而是不想在这种事情上纠缠，浪费精力。所以，她说：人家黑格尔都说了，凡是存在的就是合理的。大家的需求或许就是盗版存在的理由，让人分一杯羹去吧！与其费力去追盗版，不如静心画一幅好画！

（高少华）

跟着馆长，每天都进步

我从洛阳文物局派出所调到博物馆给王馆长开车，一晃就是十几个年头。

从公安部门调到文化部门，工作对象、性质都发生了很大的变化。一开始，我还真不大适应。在公安机关呆久了，身上不少职业病：性子急，压不住火，一张嘴就像审犯人似的，还动不动冒粗话。

上班没几天，王馆长就发现了我的毛病。一次，我在给馆长开车时，爱人打电话问我晚上回不回家吃饭，啥时回？当时，我不耐烦地回了句"别婆婆妈妈的"就把手机关了。放下电话，馆长突然问我："你爱人问你晚上回不回家吃饭，这话有毛病吗？"我愣了一下神，回答说："没毛病。"馆长又问我："没毛病你为啥那么横？"我还有点不以为然，接了句说："习惯了，我爱人也习惯了。""她习惯了，但我听着可不习惯。"说着说着，馆长的话语变得严厉起来，"耀辉，我告诉你，你给我开车就要学会谦和，学会与人为善，特别是在待人接物上，要真诚，要让人感到热情和亲切才是，你在一定程度上代表了我的形象。"这话，过去可从来没人跟我说过，我自己也从来没想过。馆长把一个给自己开车的

人都提到这个高度，让我多少有些压力。再回想起馆长平时待人平和亲切，不管你地位高低都热情相待，就连对门卫保安打招呼都要摇下车窗来。与她相比，我差得太远。这些毛病，真得改改了。

在馆长的言传身教下，我自己也开始一点点改变，从学着微笑说话到能够语言得体，自己常提醒自己要向文明靠齐。对我的每一个微小进步，馆长都看在眼里，记在心里，每次都不忘给予肯定和表扬。渐渐的，我整个人也都学会沉稳下来，安静下来，终于，馆长不再批评我，看我的眼神也开始变成赞许。

馆长不仅时时教我如何做人，当我遇到困难时，她也是真诚火热、竭力帮忙。2008年，我女儿考初中，她想上自己心仪的学校，可是那是一所民办学校，也是全洛阳最难进的学校，复杂的关系加上高昂的学费，我可真没有这个能力承受。馆长得知了我的困难和女儿的心愿之后，她不惜拿画为我公关，还为我女儿拿出了3.5万元的学费，我心中的感激之情真是无法表达。

2012年暑假，美国威斯康星州拉克罗斯市和洛阳市的中学生安排互访（两市是友好

与司机王耀辉

城市），双方学生都要住在对方市民家中，以深入了解中美不同生活习俗，加强英语、汉语的听力和口语训练。我女儿有幸入选了夏令营，但需要一笔很大的费用。馆长知道后说："出去开眼界是好事，应该支持。"然后，她拿出 1000 美金交给我，说是给孩子的赞助。

馆长对我的关怀无微不至，让我心存感激。而时刻受她的熏陶，我这个粗人现在心也变细了。她画画时，我常在一旁看，看牡丹是怎样在她的笔下画出来的，都用了哪些颜料。时间久了，她要说画什么，什么色彩，我就知道该用什么颜料，提前为她准备好。也许是因为看得多了，感觉自己身上也好像多少有了点艺术细胞，对馆长牡丹画的结构、风格、神韵、色彩也有了旁人没有的体会。社会上盗版馆长的牡丹画挺多，有些人买了画不放心，常拿来让馆长鉴定一下。有时馆长不在，就先拿给我看，我差不多搭一眼便知画的真伪。在鉴定馆长的牡丹画方面，现在的我在洛阳也算是小有些名气了。馆长也很信任我，对来求鉴定的，有时直接就放手推给我："让耀辉先看看。"听到馆长这句话，我心里美着呢。

跟在馆长身边，我一直在进步。今年，我被博物馆聘为保卫科副科长。除了为馆长开好车外，还全面担负起了馆里的保卫工作。我深知责任重大，一定加倍努力做好！

今后，我还得进步，因为馆长总在我耳边叮嘱……

（王耀辉）

伍

盛世绣色

盛世繡色

春色知心

认识王绣老师是很多年以前的事情了。

我自小在洛阳长大，自然对牡丹有着很深的童年记忆。开始学画后就听人们说有一个画家叫王绣，牡丹画得特别好。然而真正结识王绣老师却缘于母亲。母亲是老洛阳人，喜爱洛阳，喜爱洛阳牡丹，也喜爱画牡丹的画家。在老一辈人眼中，母亲是很有名望的医生，因医术高超而结交了好多朋友。那年我在外地参军，有一次从部队回洛阳探亲，母亲拉着我说给我介绍一位了不起的"牡丹画家"，我说，是王绣老师吧，我早就知道她啊！

和王绣老师认识后，每次我回洛阳或她去北京，我们总要见上一面，喝喝茶、聊聊天，就像自家人一样，亲切、平和、温暖……

很早就有个想法，找个合适时机谈谈王绣老师和她的牡丹画作，但真正静下来想想，却是个难题，就像从古至今关于"牡丹"和"牡丹画"一样，是一个棘手的问题。

在中国传统文化中，牡丹是荣华富贵、妩媚妖娆的象征，所以，一向自视清高的"文人"和"文人画家"在情感表达和精神追求时往往会回避牡丹题材，而以有君子之风的"梅兰竹菊"明志抒怀，以此显现自己孤傲的性格和卓尔不群的艺术指向。宋人李唐曾有诗云："早知不入时人眼，多买胭脂画牡丹。"明

代徐渭也在自己的《墨牡丹》中题以自嘲。即使到了吴昌硕、齐白石，他们均有不少上乘的牡丹画作，但仍以文人文心出之，讲究的是不同凡俗的文化品格。我认为，真正把牡丹画得雅俗共赏、艳而不俗、俗而有品的是近现代牡丹画大家王雪涛先生。他笔下的牡丹洁净、明丽而又充盈着清雅俊秀的体态与风骨。我一直觉得王绣老师的牡丹在画学渊源上深受王雪涛的影响。再加上她凭借地域之便，善于观察，勤于写生，最终形成自己朴素端庄、清新典雅、变幻多姿而又生动灿烂的个人风格。

从某种意义上说，是洛阳选择了牡丹，是牡丹选择了王绣。洛阳作为"牡丹花都"，在20世纪80年代随同中国社会的发展进入改革开放的大时代。一个时代有一个时代的精神追求，一个地域有一个地域的文化标识。在洛阳几十年"以花为媒、经济唱戏"的大背景下，洛阳需要也应该有这样一个能够代表地域特色的文化符号！"洛阳地脉最相宜，牡丹尤为天下奇"，物竞天择，时势使然，当牡丹成为洛阳地域形态的物化符号的时候，王绣老师只不过是顺势而为，在众乡牡丹画家中脱颖而出，成为洛阳牡丹画家中的佼佼者、领导者。当然，也是她凭借自己的聪慧才智不断努力与坚守的结果！

我一直不赞成诸如"牡丹王""牡丹皇后"的

与中国美术家协会中国画艺术委员会副主任、中国国家画院研究员、中国艺术研究院研究员陈钰铭（右一）合影

称谓，觉得这样看似褒奖的称誉都太江湖，也太世俗了。我给王绣老师的定义是：有突出贡献和责任担当、有艺术品格和个人风貌的以牡丹为主要成就的花鸟画家。

事实上，许多事情都有两面性。一个画家的作品被市场认可是好事，同时也是严峻的挑战。不可否认在市场大潮中王绣老师也有一些迎合市场的应酬之作，她也曾向我表述过自己的委屈与无奈！这也是许多画家所面对的一个现实问题。我曾经非常用心地看过她自己留存的一部分牡丹画精品。作品显示了她坚实的造型能力和多向度的艺术探求。用笔自然生动，赋彩优雅别致，画面呈现着乐观向上的精神风貌和纯净内敛的感情表述。我想这也是王绣老师牡丹画之所以广受喜爱的根本原因吧。

王绣老师早年毕业于专业美术院校，长期的、系统化的学习建构了她扎实的造型基础和专业学养。参加工作初期王老师曾在速写、水彩、水粉、版画、线描等诸多绘画领城进行过大胆的尝试与实践。意随时变，在随后漫长的艺术探寻中才逐渐确立了自己中国画写意牡丹的创作方向。因此，在王老师的

牡丹绘画中既有速写、线描的灵动活泼，又有水彩水粉色彩的丰富与凝练，还有版画的明晰与疏朗。更为重要的是她不是死板的综合搬用，而是借鉴吸收、融合而化，甚至演变升华，转化为自己独特的个性语言。所以，王绣老师的牡丹画作具有平正朴实的的传统中国画的风姿仪态，是画家物化于心、笔墨奇情的意象表达。诗情画境，风情万象。

作为一个东北人，王绣老师的骨子里深藏着东北人的硬气和骨气。在洛阳几十年如一日，为传扬洛阳、为洛阳美术事业的发展尽心揭力做出了不可磨灭的贡献。如今，虽已年近八旬，依然身体力行为洛阳的文化事务操芳奔波。因此，我想说她是有大局情怀和积极担当的人，为脚下这片深爱的土地不负芳华，同时也书写了自己卓越不凡的人生画卷！在她八十寿辰到来之际，我祝愿王绣老师岁月长青，健康相伴，美丽永驻！

（陈钰铭）

盛世绣色

洛阳4月，阳光明丽，薰风习习，古都在抵抗"新冠"疫魔的别样春光里迎来了第三十九届中国洛阳牡丹文化节。"唯有牡丹真国色，花开时节动京城"，洛阳牡丹在唐代诗人刘禹锡隽永的诗句中，经历了千余年的月华氤氲、雨露雕琢，在2021年的春风里更加婀娜多姿、华贵雍容。在沁香四溢、摇曳缤纷的花海里，以画牡丹响誉中原大地的王绣老师，以牡丹为题的个人画展与牡丹花会同期开幕，绢素上笔墨胭脂的生动流韵与质感鲜活的婀娜仙子相映成趣，为本就姹紫嫣红的盛会更增添了靓丽的色彩。

知道王绣老师的大名还是在新世纪之交。当时有幸参加部队和中国美协组织的一些活动和会议，茶余饭后或会议间隙，常听人说到一个名字"王绣"。"你是去王绣组织的活动吗？我们同一趟车……""我刚从河南回来，王绣邀的……"说话的都是美术界的大咖，语气中似不乏炫耀。所以，王绣被我鬼使神差地脑补为一个神秘形象：官员、精干、高冷。

记得是七届美代会上，我才第一次见到了王绣老师。她沉静柔和、矜持稳重、和蔼亲切，像位姐姐，间或流露一丝小女孩的羞涩，给我

留下了非常美好的记忆。

细细想来，因为各在一方，我和王绣老师的交往并不多。真正对王老师有所了解，还是因为中国女画家协会的缘故。

王老师曾任洛阳博物馆馆长，是文化部全国优秀文艺工作者，第十二、十三届全国人大代表，这些职务和荣誉在女画家队伍中是神一样的存在。但王老师发自内心的谦逊和低调，深植心底的责任和担当，感恩回馈社会的自觉和奉献，关爱扶持后学的坦荡和智慧，却如金子般的可贵。

王绣老师是谦和的，她待人热情诚恳，话语柔和，善解人意，让与她接触到的人如沐春风。

王老师多次歉疚地说过，因忙于博物馆事务，完成省里、市里临时任务，应酬画画得多，影响到对画作和技法的探索。能想象得到在繁忙的工作之余，王老师为完成各项任务，深夜加班加点赶画的情景。多年来，王老师不遗余力地为洛阳博物馆建设、为洛阳市文明城市建设、为洛阳牡丹冠名市花等奔走呼吁，以一己之技，为河南、为洛阳的发展做了多少贡献，恐怕她自己都记不清楚。

我曾听王老师欣喜地谈到洛阳女画家队

与中国女画家协会主席、中国国家画院研究员孔紫参加画展留影

伍的成长和成绩，如数家珍般谈到每个画家的优点和特色，并用自己的威望和影响力，帮助支持女画家队伍的凝聚和进步。

在"新冠"疫情肆虐华夏大地、全国人民勠力同心抗击疫情的战斗中，中国女画家协会向全国女画家发出了"疫情防控专项筹款"倡议，号召女画家向一线医务工作者和家庭伸出援助之手，共克时艰。以"聚沙成丘、集腋成裘"的信念和精神，为战斗在一线的白衣战士献一份温暖，表一腔感恩。王绣老师在第一时间寄出了捐款，并且是捐款最多的中国女画家协会顾问。

王绣老师对艺术的追求是执着的、勤奋的。

王绣老师是洛阳新牡丹画派的创始人。她的牡丹画以中国工笔牡丹画入手，深入学习历代写意牡丹画的精髓。其画法既传承于古代传统的工笔及写意牡丹画的表现方法，又接受了欧洲油画与俄罗斯水彩画的深厚影响，加以常年写生创作，置身牡丹丛中，丹青雅韵，逐渐形成了其牡丹绘画之设色典雅明快、构图饱满清新的特点。近八旬的她，仍在笔耕不辍，年年有新作品，不断有新探索。

画作是画家人品修养的结晶，如文为心声一样，画亦为心声。画作与画画的人是一体，你能从画作中读出画画的人来。王绣老师画的牡丹干净、明快，

一如她的人。

年年岁岁花相似，岁岁年年人不同。

流连在洛阳老城的石板路上，连空气中都缭绕着汉唐遗韵，街边鳞次栉比的商铺招牌，述说着朴厚民风的涵濡。特别是夹杂在各色店铺间的花色鲜艳、绘制精良的牡丹团扇，格外夺目，令人惊叹喜爱！这些小扇枚枚技艺不凡，显示出牡丹之于古城洛阳的意义，牡丹已幻化为洛阳的文化符号，赐予人们诗意般的向往。

笔墨当随时代，时代也在呼唤属于自己的艺术形式。改革开放的大潮，使洛阳牡丹文化、牡丹主题绘画涅槃新生，焕发了活力。王绣老师把握时代脉搏，开创洛阳新牡丹画派，引领时代风气，成为洛阳新的名片和文化符号。如今洛阳一批又一批的牡丹画家、女画家成长起来，不能不说是受她的影响。我相信随着时间的推移，洛阳新牡丹画派会前程广阔，未来可期，王老师走在众多画家的最前面，意气风发，步履矫健！

（孔紫）

锦绣未央　德艺双馨
——记洛阳艺术家王绣女士

自 20 世纪 80 年代，我在河南省美术家协会工作以来，一直关注洛阳的美术工作。洛阳作为十三朝古都，有着深厚的文化底蕴和资源。洛阳的美术工作者有着良好的美术创作传统。洛阳也是河南美术创作的重镇。他们的创作团队不断挖掘美术创作的内涵深度，探索美术创作的视野广度，强化美术创作的精品维度，涌现出一批反映地方文化、反映时代风貌的优秀作品，在河南乃至全国产生了广泛的影响。

洛阳美术创作的繁荣离不开美术家协会的组织指导，更离不开重要画家的引领，王绣老师就是引领洛阳画坛发展的重要画家之一。

"唯有牡丹真国色，花开时节动京城。""花开花落二十日，一城之人皆若狂。"洛阳牡丹家喻户晓，而牡丹画也是人们喜闻乐见的绘画题材，王绣的牡丹画在洛阳美术界开一派画风之先，在国内产生了较好影响。

王绣的牡丹画以传统水墨小写意笔法入手，糅入西方绘画的色彩明暗技巧，通过对牡丹画的创作进行大胆改进，形成色彩明艳、热烈奔放、层次分明的画风。所画牡丹艳而不俗，雍容富贵之气跃然纸上，行家见其笔墨功力，群众赏其富贵华丽。她的创作使牡丹题材画作品进入了一个新境界。

改革开放以后，随着对外文化交流的日益增多，王绣的牡丹画远涉重洋，为宣传古都洛阳、宣传洛阳牡丹起到了不可估量的作用。在她的带动下，形成了独具特色的洛阳牡丹画样式和队伍庞大的牡丹画家群体，甚至带动地方形成牡丹画产业，而王绣也成为洛阳的一张响亮的文化名片。

作为洛阳画家的优秀代表，王绣积极为地方文化建设建言献策，连续担任两届全国人大代表。从事文博工作多年，她欣喜地看到国家在大遗址保护工作方面取得了一系列成果。"十四五"期间公布的大遗址名单共 150 处，其中河南有 16 处，位于洛阳的二里头遗址、偃师商城遗址、汉魏洛阳故城、邙山陵墓群、隋唐洛阳城遗址、回洛仓遗址、含嘉仓遗址均包含在名单中。王绣曾呼吁国家出台大遗址保护细则，以更好地将传统文化的保护融入城市的发展建设中。

念念不忘，必有回响。王绣多年的呼吁终于有了回应，2021 年 10 月，国家文物局印发《大遗址保护利用"十四五"专项规划》，进一步加强指导和引导相关工作，全面提升大遗址保护管理和利用水平。

作为全国人大代表，王绣曾多次提交将牡丹确定为国花的建议。2018 年 3 月，她在参加第十三届全国人大一次会议时，就提交了《关于尽快以法律形式将牡丹确定为我国国花的建议》。在 2019 年第十三届全国人大二次会议上，她再次提交《关于将牡丹确定为我国国花的建议》，受到国家林业和草原局重视。2019 年 7 月 15 日，中国花卉协会发布《征求牡丹为我国国花意见的通知》，推荐牡丹为我国国花，牡丹距离国花更近一步。

王绣女士还一直致力于让传统文化"活起来"，她不断在议案中呼吁创新宣传形式、提升文化产品质量和文化开放水平，促使民众更主动了解、亲近传统

参加全国第六次美术家代表大会，与卢禹舜合影

接待国家画院纪连彬副院长等画家

陪同中国美术家协会理事、河南省文联副主席、河南省美术家
协会主席、刘杰（右一）参观"锦绣画语"展

"国色天香"展留影

文化。她以政治的高度和敏锐性，站在国家的层面，为河南、洛阳的文化建设、艺术创作建言献策，体现了一个艺术家的政治担当。

王绣老师不仅是一位颇具影响力的画家，也是一位具有爱心的社会公益家。她积极参与慈善活动的报道频频见诸报端。许多省、市举办的慈善捐助活动，她都会慷慨解囊、倾力相助。为慈善事业她会毫不犹豫捐出自己的大尺幅精品，筹集更多的资金，去资助需要帮助的群体。她不仅自己捐赠，还借助自己的社会影响力，带动画家群体奉献爱心。她的爱心和善举令人敬佩。她始终坚守初心，发挥公众人物的正能量，可谓以德修身，以才立命，体现了一位艺术家的社会担当。

王绣老师已是耄耋之年，但她依然笔耕不辍，坚持创作，不断有新作推出。难能可贵的是，她在创作之余，还深入社区对基层绘画爱好者进行指导，多次参加大手拉小手活动，指导中小学生进行绘画写生，积极贯彻落实国家美育方针，传播美育思想，展现敬业奉献的精神。

文艺是时代前进的号角，衡量一个时代的文艺成就最终要看作品。推动文艺繁荣发展，最根本的是要创作生产出无愧于我们这个伟大民族、伟大时代的优秀作品。目前，洛阳的美术家队伍已经形成了老、中、青三代创作梯队，这个团队在以王绣老师为代表的、德艺双馨的老一代艺术家的激励下，紧紧围绕河南和洛阳的发展大局，坚持以人民为中心的创作导向，必将创作出体现中原文化、河洛文化底蕴，展现河南时代精神的精品力作，必将创作出具有中原风格，反映河南和洛阳巨大发展成就的美术精品，必将为重振洛阳辉煌、推动中原文艺繁荣发展、构筑全国重要文化高地、开启新时代河南高质量发展做出新的、更大的贡献。

（刘杰）

亦师亦友说王绣

一个成功的艺术家，一定要明白是生活在社会里，不是生活在真空里。作为美协主席，相对于单纯的画家来讲，更需要考虑到方方面面，个人的艺术修为、公众的社交能力，缺一不可，年轻、年老的艺术家都要照顾到。这一点，王绣做到了。

美协是一个群众组织，但作为领头人，一定要把更多的心思放在集体上，更不能时刻想着为自己谋利益。王绣连任美协主席十年，积累了丰富的人脉资源。她生性豪爽，待人热情。也正因为如此，她充分利用自己的个人资源，为美协的生存和发展争取到不少机会和空间。可以说，王绣为美协的发展奠定了坚实而优良的基础。

我与王绣共事多年，大多是工作上的联系和沟通，并没有太多其他深入的交流。因此，对于王绣的印象，也止于一些零落琐碎的片段而已……

印象中，王绣对人热情。但凡画家，多有文人情怀，因此，难免会有些孤傲之感，尤其遇到有人求画，偶尔还会忍不住心有不舍或不悦。但王绣老师，不论上门来者何人，从

无分别心，一律笑脸相迎，高接远送。

王绣心思简单，时有骗子入隙，小到日常物品，大到房屋装修，常上当受骗，但不论事情大小，从不放心上，恼怒时，骂上几句，转头要不了几天，就完全忘记了。

王绣年长于我，但仍有时候怀小女子心性，往往喜怒形于色，遇到事情，看不惯，想不明白，张口就说，且不留余地，但所幸，其为人无恶意，因此，要不了几天，便又谈笑风生，再无嫌隙了。

王绣生性果敢直率，为人敢拼敢闯，做事少有顾忌。不论是在绘画领域，还是为人处世，都要强，不甘人后，你高一尺，我必高一丈，因此成就也自然高于常人。这一点，倒是很值得年轻后辈们学习。

作为画坛前辈，多年美协主席，王绣不忘提携和帮助后来的年轻人，从学术上指导提升，从社会关系上帮忙疏通，逢其画展，也势必赶去捧场，为洛阳美术人才储备可说立下汗马功劳。

作为继任的美协主席，就任多年，一方面享受王绣为美协创下的繁荣局面；一方面

努力学习，希望不负重托。内心深处，时时谨记作为美协主席应负的责任，时时提醒自己：后人乘凉不忘前人种树。

　　王绣于我，亦师亦友亦前辈，是以，写下只言片语，以飨众人，借以表达对王绣老师尊敬之意！

（文柳川）

与文柳川在一起

与文柳川、王晓鸽在一起

"三国"演"艺"

此"三国"演"艺"非彼《三国演义》。此"三国"为哪"三国"，此"艺"为何"艺"？容我慢慢道来。

景德镇的瓷器在人们的普遍认识中多是一些日用瓷、工艺品瓷，随着画家（尤其是知名画家）去景德镇画瓷，艺术品与工艺美术品就奇妙地结合在一起，也为工艺美术品提高了档次和价格。

2009年11月，我随王绣老师第一次去景德镇画瓷，起因就是曾经多次收藏她画作的人，也想收藏她的牡丹青花瓷瓶。于是受人之邀，我们一行奔景德镇而去。记得是晚上十点多钟的车，由西安开往南昌的。我们在洛阳上车，九江下车，又转车到达景德镇。一路上大家都特别高兴，因为都是第一次来江西，看浔阳江，阅鄱阳湖，当然最主要还是画青花的吸引。

我们的工作地点是在大瓮工作室，这里有一个比较大的瓷厂，也是景德镇古窑之所在。大瓮本名叫金永锋，是我们的老朋友，大家都很熟识。

到达的当天下午，永锋已经准备好了一些坯子与釉料。在坯子上画牡丹和在宣纸上画牡丹还是有很大差异，坯子只能立着画，不能放倒画，而宣纸则可从上往下画，手腕的着力方向不一样。另外，在釉料的掌握上也很有讲究，干了拉不开笔，稀了又会往下淌。在宣纸上画可立见成效，而在坯子上画，得在入窑烧后才能看效果。

王老师是不愿意浪费一分一秒的。她说："我们是新手，必须先熟悉熟悉方法。"永锋搬来各种不同器形的坯子，王老师选好一个将军罐的器形，了解好釉料的调配方法，怎样画浓，怎样画淡，都要注意些什么。她问得仔仔细细，然后就转动转盘画了起来。画了几笔，她问金永锋："这样还可以吗？"金永锋笑嘻嘻地回答："好着哩！"王老师边画边调，不时滴上几滴清水，或用笔调合一下釉料的粗粒，使其更为细腻，然后一笔一笔从容地画在坯子上。一笔见浓淡，花瓣在青灰色釉料的渲染中，隐现出雍容雅致的牡丹花，已与纸上牡丹不差一二。王老师谦虚地说："快掌握了，再试几个。"

由于王老师多年来绘画技法纯熟，在画瓷的过程中也出道很快。她用笔肯定、准确，很快就掌握了画瓷的方法，一朵朵被称为国

绘制瓷器现场

色天香的牡丹绽放在各种不同的器物坯子上。一下午，王老师便画了四个。

11月的景德镇，阴冷阴冷的。永锋的工作室是个平房，相对简陋些，南方没有暖气，主要是壁挂式的冷暖空调。王老师并不觉得冷，画得很专注。在她带动下，我们也纷纷画了起来，一个下午也画了不少，摆满了永锋的工作室。永锋说："该吃饭了，休息吧。"一看时间，已经是下午六点多了。大家简单收拾了一下画笔，便一起去吃饭。用餐的地方是景德镇有名的饭馆——集萃楼，是地道的赣菜馆。一向喜爱美食的王老师很喜欢这里，特别喜欢这里的炒鱼籽、糍粑牙几样颇有本地特色的菜品。香、辣、咸、浓，看来是赣菜的特色了。王老师和吴非吃得最为欢畅。

住地是离古窑最近的宾馆，邀请方本来想请老师去最好的地方下榻，可王老师说："就找个近地方吧，不耽误画瓷是主要的。"

鞍马劳顿，大家入住休息。

第二天，王老师早早起来，叫上我们简单吃了早点，就来到工作室。王老师仔细地转转看看昨天画的几个瓶子，和大家一起交流了一下方法和体会。这时，古窑的工人开始往这里搬来各种器形的坯子。八点半左右，大家又开始画了起来。大家都很专注，手也快了起来。王老师一上午就画了四件大器。午饭后，有午休习惯的王老师没休息，又来到工作室画了起来。她说："我来这里呆的时间短，要多画几个，万一明天烧窑出来不理想或烧坏了，数量保证不了，影响我们的信誉。"一天下来，她画了九个，晚饭推迟到八点，王老师才回宾馆休息。大家都说王老师身体好、精力充沛，画得又好又多。王老师却说："头一次画，只能以量保质呀。"

第三天开窑，大家早早去看。真棒，无一损坏，百分之百的成功！王老师十分高兴，又仔细端详刚出窑的青花牡丹，把自己不太满意的地方记下来。回到工作室后，她在调和釉料时又加以改进。通过一次次调整，花瓣的深浅、花与叶的色差关系、勾线勾筋点蕊的釉料浓度，已用得很纯熟，画得愈来愈讲究，愈来愈精彩。一种单色的青花蓝釉在她笔下呈现出别样的天香神韵。几天下来，王老师可以说是心手双畅，点几个飞动的蜜蜂，题一首牡丹诗句，画面清新富贵，淡雅雍容。大家开玩笑说："这叫'三国演艺'呀，国花、国手、国瓷在这里奇妙地结合了。"大家为这一说法齐声喝彩。

王老师耳朵听热闹，手可不停歇。她又根据不同的器形，变化着构图样式，花朵疏密生姿，花叶聚散顾盼，高兴起来还要加几朵紫藤飞动，好不畅快！我们看着也身心愉悦，陪着老师开开玩笑，说说闲话，轻松而自在。

最后画瓷的两天，大家看工作已基本完成，请王老师做个足疗，缓解一下劳累，还一起去了KTV，放松了一下心情。王老师的一首《莫斯科郊外的晚上》，引来全场齐唱，好不热闹。

第一次在景德镇画瓷，王老师以严谨的工作态度和不知疲倦的激情，画了近三十个青花瓷瓶。这也是我们一次身心快乐的学习过程。王老师临别时说："我有点上瘾了，下次一定再来，画些自己喜欢的内容，找更好的感觉。"之后，我们又随王老师来过两次景德镇，无论是青花瓷还是釉里红，王老师都创作出了不少艺术精品。在洛阳博物馆的王绣牡丹艺术馆里，就陈列着其中一部分作品。每次陪朋友参观走到这里，我都会驻足流连。每个精美的瓷瓶，都让我回忆起和王老师在景德镇画瓷的美好往事，恍如昨日。

（张建京）

景德镇瓷器作品
青花瓷
2011 年

牡丹绽放方寸间

邮票，在人们生活中司空见惯，但又别具风味。随着网络时代的来临，邮票的日常使用越来越少，同时也越来越珍贵了。有人把它视为国家的名片、时代的见证。邮票的方寸之间，能体现出一个国家和地区的历史、科技、经济、文化、风土人情、自然风貌等特色。这让邮票除了有邮政价值之外，还具备了收藏价值。一位诗人曾这样写道："它是地球人不经意编写的百科全书，最有钱的富翁都没法买齐，但它的散页每个平民都可以把玩，游走在这片森林中，有目不暇接的风景，打开每一扇小窗，都飘进岁月深处的芳香。"

在 2009 年中国举办的世界集邮展上，王绣的牡丹画就在这方寸之间璀璨绽放。当时，中国邮政发行了王绣牡丹画的小版张。而同一时期，朝鲜邮政总局为纪念在中国洛阳举办的这次世界邮展，也发行了两枚双联小型张邮票，其中一枚就是王绣的牡丹图。中国画家的画作印在本国的邮票上不算新奇事，但以牡丹主题被印在外国的邮票上，王绣或许是第一人。

这套邮票曾经在白马寺举行过一次活动，朝方代表、市领导、印乐大和尚出席。我作为当时市民族宗教局的负责人，亲历了此次活动。

王绣印在朝鲜邮票上的那幅牡丹画是经中国有关部门推荐被朝鲜选中的。而 2011 年王绣为中国牡丹文化节献礼的《富贵双联·极品牡丹》邮票，则是邮政部门专门向她定制的。为这套个性化牡丹邮票，王绣是下了大功夫的，精心构思、潜心绘画，创作了三十幅牡丹画供选用。她说："以前我画的牡丹重在色彩上的渲染，这次为邮票作画，让我

王绣

享受国务院特殊津贴。

席，洛阳市美术家协会主席，

家协会顾问，洛阳市文联副主

洛阳博物馆馆长，河南省美术

美术系，河南省政协委员，现任

美术师，毕业于哈尔滨师范大学

中国美术家协会会员国家一级

王绣作品

中国邮政小型张邮票（王绣作品）、朝鲜邮政小型张邮票（王绣作品）

世界邮展期间与张海等人合影

朝鲜邮政小型张邮票签字仪式现场

朝鲜邮政小型张邮票签字仪式现场

更细致地了解了牡丹不同品种之间的细微变化，再把它体现在邮票上。"

这套邮票包括十五版牡丹绘画邮票，采用独特的双联版式，这在中国个性化邮票发行史上尚属首次。每一版上，水墨绘就的牡丹分别表现两个品种，画旁均采用印章的形式，标示出牡丹的名称，并精选一首牡丹诗搭配，彰显文雅与优美。配合这套牡丹绘画系列邮票，还发行了一版《牡丹花都》邮票作为附图，与牡丹画邮票主图交相辉映。二者相得益彰，显得十分大气。

在洛阳牡丹文化节开幕的日子里，王绣也到了首发现场——中国国花园为集邮爱好者签售。小小邮票，传递八方游客对牡丹花的喜爱；方寸之间，绽放王绣牡丹画作的芬芳。

王绣很喜欢这套邮票，自己也买了不少，留做珍藏或赠送朋友。

（王晓辉）

佳墨有情　心香无限

——王绣与她的牡丹之缘

作为一座城市，洛阳有着太多令人心动之处。除了作为历朝古都所积淀的那份沉甸甸的历史文化资源和拥有赫赫有名的龙门石窟等胜迹所营造的艺术文化氛围之外，还有每年春天如期而至、如霞似海的牡丹花潮，让春天的洛阳充满着令人神往的芳馨，从而毫无悬念地成为勾动天下人游春、赏花雅兴的花城。

然而时光如水，不教春日常在，牡丹花好，却只盛艳一月。一朝春尽，零落满地，好不叫人惆怅。幸有女史王绣，唯爱翰墨，专攻牡丹，经年致力于斯。临砚就纸之际，花繁露润；笔飞墨动之时，满纸生春。让洛阳的牡丹，以常妍的姿态绽放在自己的画布上，芬芳着人们的四季。

历史上画牡丹者自北齐杨子华之后，边鸾、黄筌、徐熙、徐崇嗣、王渊、钱选、沈周、恽南田及近代王雪涛、唐云等皆以牡丹名世，然画史上痴迷于荷花、梅花的画家远远多于以牡丹为专攻画科者，大约是沿袭了古代文人以花语比德的审美习惯和自命清高的文人情致吧。多元文化形态下的今世，审美情趣已然不再受小众审美眼光的局限，"自李唐来，世人甚爱牡丹"的现象迄今亦然。王绣的牡丹作品中，古典形态与现代元素并存，清淡冷逸的文人情调与典雅优美的大众审美相融。她以女性特有的细腻与情怀，赋予了牡丹人文精神和人格魅力。她巧妙地撷取西方观察方法与画面构成意识，而又不脱离中国传统花卉写意精神的独特艺术风格，她的作品构图疏密得当，留白精妙，色彩丰富，笔墨清润。其作品中传统美感与现代意识并存，具有恬淡从容的文人气度和典雅端庄的东方神韵。

历来文化人，常因一件作品传世而名满天下，一首诗、一出戏，都可能造就一位名人。画家也常常因为自己所擅长的某科而名世。比如在绘画史上，提起画竹，人们马上想到清代画家郑板桥，也会因画梅而想到元代的王冕、杨无咎与清代的金农，因虾而想到齐白石，因马而想到徐悲鸿……画家的名字往往与其笔下的形象成为一种必然的联系。洛阳女画家王绣的名字便与其笔下的牡丹一起成为古都洛阳的一个文化符号。

20世纪60年代末，王绣于哈尔滨师范学院艺术系毕业后分配至洛阳，自此朝夕与牡丹为伴，与牡丹结下了深深画缘。从含苞待放到遍地凋零，她与牡丹在阴晴雨晦中尽情地对语；在和风丽日的午后，她凝立静赏魏紫纵情绽放的雍容，感受她为河洛文明所孕育的淡定与高贵；在皎洁的月色下，她品味夜光白的纯洁剔透与清纯晶莹；在下雨的清晨里，她被雨中牡丹宁折不弯的坚韧和姚黄赵粉的雨后新姿深深打动……与牡丹的朝夕相伴，让王绣对它们的姿容与神态极为熟悉，也从花儿的性情中领悟到了华夏河洛文明的高贵与生命的价值和生存的品位。在长期的创作实践中，她将个人的艺术主张与文化态度融于笔底，彰显了了当代文化人的情怀与担当。

王绣笔下的牡丹多为自然形态，皆以布局的巧妙和笔法的精致而动人。一朵朵牡丹在她的笔下迎风带露、伴月撷霞，有风中横斜之态，或着雨清恬之姿，极尽酣畅地表现出了牡丹花在大自然的风雨阴晴间的各种情态。我们常常能从那些或盛开、或半展、或初绽的牡丹姿容中触摸到春日的脉搏。

王绣画牡丹，从巨幅到小品皆独具特色。巨幅画开合自如，神气贯通，大气潇洒。乙丑年巨幅牡丹《画堂韶光》以十数朵盛开的各色牡丹攒三聚五，墨叶酣畅，嫩芽清淡，显示了画家精妙的状写能力与深厚的布局功力。丙戌年的巨幅画《国色天香》以红、白、紫、粉数种色彩的牡丹溪岸边与水仙并立，雍容华贵，气象非凡，展示了画家心胸广博、情怀无限的内在修为。

带着没骨元素的小写意着色牡丹是王绣作品中最为经典的类型。此类作品以传统花鸟的构图方式，对牡丹的形状样貌和各种姿

《春满乾坤》
180厘米 × 97厘米
纸本设色
2004年

《凝香颂英雄》
138厘米 × 69厘米
纸本设色
2005年

富贵吉祥 王绣

《富贵吉祥》
129厘米 × 248厘米
纸本设色
2006年

态都做了精彩的演绎。斗方、中堂、条幅，都是王绣牡丹作品中惯见的形制，从其布局的灵活多变到笔墨的老辣酣畅，无不透露出画家把握画面的能力。她的此类牡丹多以对花头的表现为重，分为彩花墨叶和红花绿叶两种。多以浓淡参差的数朵盛开的牡丹携着一两朵半开的牡丹并一二枝未绽的花蕾亭亭而立，花色有红、黄、紫、绿、白等，无不清润从容，极为丰富。绿叶以墨线勾筋、汁绿点虱，色容浓淡有致，墨线老劲清瘦，色墨相融，富有韵味。另有团扇及小品牡丹，布局精妙，情态婉约，笔简味长，令人赏之不尽。

　　用色的精妙雅致是王绣牡丹的一大看点，各个品种不同颜色的牡丹花在她的笔下展现出了最为娇美的姿容。《三月洛阳花正好》《春韵》《国色》等作品中的紫色或淡逸清

新，或浓郁高贵，令人观之忘俗；《娇容三变》《春花》《国色浓香》等作品中的牡丹花瓣的绿色晶莹可爱，发人遐思。而更多的作品中，娇艳的红牡丹、妖娆的粉牡丹、纯洁的白牡丹，还有纯以墨色勾点、充满了文人雅致的水墨牡丹，都各具情态。

　　另外，像《春满乾坤》《凝香颂英雄》等满构图作品在王绣的创作中也颇为引人注目。《凝香颂英雄》中整幅画面上倾情怒放的红色牡丹花朵冲击着人们的视线，大面积铺开的娇艳花朵与幅间留白形成对比，疏密安排张弛有度，整个画面笔调强烈，激情饱满，气势宏大，气象庄严，具有凝重沉静的精神内涵。而《春满乾坤》以密密匝匝的紫色牡丹铺满画面，紫花与绿叶构成了层次丰富、一望无际的花海，渐行渐远，宛如远去

《白花淡泊无人爱》
69 厘米 × 69 厘米
纸本设色
2007 年

《紫韵》
69 厘米 × 69 厘米
纸本设色
2013 年

的海平面般消失在画面上方，为观者留下挥之不去的清冷余香。很显然，王绣在此探索中汲取了中国传统的图案构成手法与西方现代绘画的构成意识，将东西方的审美观念融于一图，使此类作品于温文雅致的古典气质中透露出些许现代气息。

　　王绣多年来供职于洛阳博物馆，作为一位资深文博专家，她的艺术作品由内而外散发着文气。她以学者兼艺术家特有的敏悟，在牡丹富贵雍容的大众审美指向和传统文人尚雅的审美趣味之间找到了准确的切入点，将牡丹的浓艳华贵之美与潇洒雅致的艺术风格融合无迹。她笔下的牡丹，传达着一种博爱、亲切、从容的审美意趣和大气磊落、从容淡

定的文化气质，这些是构成王绣艺术或曰王绣精神的鲜明特征。

　　王绣的艺术创作已成为洛阳牡丹的代言，人们通过王绣的画而记住了洛阳，使洛阳成为一座充溢着花香的城市。在这座随处散发着历史陈香的洛阳古城，王绣因善画牡丹而名声芬芳，洛阳牡丹亦因王绣而具有了别样的美丽。

　　牡丹若有知，也该眷恋这位心香无限的洛阳女史了。

（许宏泉）

丹佛百日　惬意美国

在洛阳，王绣永远都放松不下来，发条总是上得满满的。只有在离开洛阳的时候，她才有机会放慢脚步，放缓生活的节奏。如果让王绣回顾这些年的经历，找一段最轻松惬意的日子，她一定会说是 2004 年 10 月到 2005 年 1 月在美国科罗拉多州丹佛市的三个月。

那次，是中国国家文物局与美国大都会

艺术博物馆联合举办的"走向盛唐"文物展巡展抵达丹佛市自然博物馆。按双方协议，中方每三个月要换一批巡展人员。这次更换来的有四人，两男两女，王绣是组长。另外三人分别来自国家文物局、国家博物馆和辽宁博物馆。

远离中国，远离洛阳，在这个陌生的城市里，没人找王绣办事，没人找她买画，没人让她参加一个接一个的社会活动。吃、住、行有工作人员照料，沟通有翻译，外出有同伴，又没啥要操心的事，王绣的生活一下子慢下来，终于体会到了梦寐以求的慢节奏，静赏落花，闲看白云，优哉游哉经历了一段神仙日子。

最轻松的讲座和展览

英格尔女士是丹佛自然博物馆为王绣这个小团队聘请的翻译。她曾留学中国，性格开朗活泼，很招人喜欢。当她得知王绣是位画家时，建议王绣在博物馆举办一次有关中国画的讲座。王绣觉得这建议不错，正好对外宣传一下中国的水墨画。于是，英格尔就在博物馆门前贴了张王绣讲座的海报，就算

在纽约

在丹佛滑雪

是发布消息了。到了讲座的那天，现场来了几十号人，有博物馆的工作人员，还有当地的中小学生。大家都席地而坐认真地听讲座。王绣现场演示了中国水墨画的技法，让在场的孩子们觉得很神奇。他们向王绣提出了不少问题，比如颜料为什么不是油彩？使用时为什么要兑水？画到纸上能不能洗掉？工笔、写意有什么不同……王绣都一一做了回答。

在讲座过程中，王绣还现场为大家示范，没用多长时间就画好了几张牡丹画，艳丽的色彩、灵动的画面、呼之欲出的牡丹花，孩子们简直看呆了。他们爱不释手，纷纷挤着问："这画卖吗？"英格尔告诉孩子们："不要急，等咱们再办个小型画展后再卖，好吗？"后来，英格尔在博物馆找了个房间当展室，办了一场小型的中国水墨画展。说是画展，其实很随意，没有开幕式，只是挑选了几张画装裱相框，其余的就夹在硬纸板上挂在墙上，供人欣赏和挑选。谁想买哪张就在画下角贴

上个米色小纸条，就表示已被人买下了。这小小的展览只展了五天，王绣的三十多张牡丹画和辽宁博物馆同志的十多张书法作品竟然全部卖光。异国他乡，拿到了有史以来最轻松而又意外的一笔收获！王绣按中国人的习惯给几个热心的美国朋友塞红包，可人家怎么都不要。于是，王绣就拉着他们请吃了顿饭算是答谢，剩下的钱几个人到拉斯维加斯玩了一趟！

五十四岁初上雪道

12月的丹佛，已是一片银装素裹。英格尔得知他们四人都没滑过雪，于是建议他们去洛基山的一个滑雪场去滑雪，尝试一下雪上飞翔的快乐。车开一路，雪飘一路。没想到一不小心走错路闯进了一处私人庄园。刚想下车问问路，庄园的老人举着枪对他们大吼："快走，不走我就开枪了！"那架势，还

真的让人心惊胆战，王绣一面感慨美国人对私有财产和私有领地的重视，一方面也为美国的枪支持有感到担忧。

有惊无险，终于顺利抵达山脚下英格尔一个朋友的私人度假别墅。打开房门，开通暖气，不一会儿，房间里就暖意融融了。他们把带来的面包、蔬菜和食品简单加工，又从冰箱里开了一瓶红酒，就有了一顿其乐融融的晚餐。

第二天上午，几个人换上滑雪服来到雪场，租了滑雪板就准备上雪道。虽说生在冰城，可王绣自小到大从未滑过雪，再加上当时她已五十四岁，还真有点忐忑。在美国匹兹堡工作的弟弟打来电话叮嘱她别上雪道，就在雪场随便看看玩玩就行了，万一摔伤很麻烦。初中时就参加过跳伞的王绣自小就以胆大著称，这次更是按捺不住，四下张望，看到雪道上居然有位七八十岁的老太太，满头银发，戴着滑雪帽，围着彩色围巾。潇洒活力的身影一下子激起了王绣的勇气，于是也踩上滑板咬牙上了雪道。初级滑道落差小，王绣觉得不够刺激，就乘索道上了中级道。第一次往下滑，嘿，还真行，没摔跤。第二次下滑，她在急停时来了个仰八叉，沾了一身雪沫。面对英格尔的镜头，王绣还有风度地摆了个造型，为自己定格了一个难忘的画面。

最终，王绣还是没敢上高级雪道，去体验风驰电掣的感觉。同行的王永红女士倒是雄心勃勃乘索道上了高级道，可上去一看又胆怯说啥也不敢滑了，只好脱下雪板，一步一步往下走。

眼看快到关门时间，大家还没看到走着下山的小红，赶紧报警找来了雪场救援队。最后，眼泪汪汪的小红乘着救援队雪地摩托车在大家善意的嘲笑声中回来了。

那是她人生中第一次也是最后一次滑雪，惊险刺激又充满乐趣的经历让王绣开心极了！

体验快乐万圣节

这一年，在丹佛，大家还赶上了万圣节，王绣是在丹佛自然博物馆陈列部主任塔玛拉家度过的万圣节。那天，塔玛拉家的门口摆着橘红色的刻成小鬼脸的大南瓜，家中准备了好多糖果，准备迎接孩子们的到来。

塔马拉有两个女儿，一个八岁，一个五岁。跟其他年轻人和孩子们一样，她们带着怪异的面具，把自己打扮成幽灵、吸血鬼的模样，手里拎着口袋，到各家敲门要糖果。王绣好奇地跟在孩子们后面，远远地看着她们。

据说，万圣节孩子们会挨家挨户要糖果，如果不给，就会很生气，会用各种方法惩罚或者捣乱。跟了一圈，王绣没看见一家不准备糖果的，也没看见任何一个孩子往人家门口倒垃圾。倒是不大一会儿，孩子们就要满了一袋子糖果，兴冲冲地回到家中。而家里准备的糖果也早被别人家的孩子要走了。没有感受到所谓的鬼节的恐怖，倒是感受到孩子们的欢乐和人与人之间互相给予的温馨。她甚至想到中国的六一儿童节，为什么不能够让孩子和家长们多一点主动参与的快乐内容呢？

丹佛百日，惬意美国，一段轻松快活的时光。至今，她依然怀念那些美好的日子。

（周明　王永红）

中韩牡丹情

2007年秋，为纪念韩中两国建交十五周年，韩国国立民俗博物馆邀请王绣先生到韩国访问，并在首尔举办"王绣牡丹画邀请展"。这个展览在当地引起极大的轰动，回想起来，如在眼前。

为办好这次画展，听说王绣精心准备了半年时间，创作了八十幅精品牡丹画，尤其是画了十幅韩国人最喜欢的牡丹条屏。邀请方也很重视这次画展，将展览场地点设在多宝星美术馆。该馆位于首尔市中心的仁寺洞，是韩国的文化中心，美术馆、画廊云集，有韩国"传统文化艺术之地"的美誉。为提高画展的档次，主办方对王绣带来的作品全部进行了精心装裱，或镜框，或卷轴，并印刷了精美的展会宣传品及画册，做了漂亮的纪念书签和请柬，每个细节都考虑得很周到。

当天的开幕式在温馨而雅致的酒会中拉开帷幕。中国驻韩国大使宁赋魁、韩国国会议员崔星、韩国前任驻日本大使罗中一、韩国国立民俗博物馆馆长申光燮、韩国古美术协会会长金钟春、韩国国立扶余美术馆馆长权相烈、国立大邱博物馆馆长金正完等重要嘉宾为展会剪彩。韩国统一部长李在祯、国会观光委员长赵培淑，扶余郡守金茂焕等韩国政要和各界人士为画展送来了鲜花、贺联表示祝贺。

宁大使在致词中对王绣的牡丹画展给予了高度评价。他说："相信韩国民众通过王绣先生这次展览，能更多地了解中国的牡丹、了解洛阳、了解中国，为增进中朝两国民间绘画，民俗艺术家之间的交流合作做出积极的贡献。"韩国《中央日报》《经济新闻》《首尔日报》等十余家主流媒体均派出记者到会进行采访，相机的闪光灯闪个不停……红酒摇曳着色彩，果盘散发着清香，觥筹交错中传递着中韩两国的和谐与友谊。

王绣的几十幅工笔、写意作品分布在多宝星美术馆900平方米的宽阔展厅中，姹紫嫣红、争相斗艳的牡丹画，引来许多参观者驻足和赞叹。他们围着画作仔细欣赏，久久盘桓不肯离去。不少人迫不及待地要求买画，有的人甚至一买就是两三张，还有的观众只是犹豫的瞬间，画就被别人抢了先。

午饭过后，王绣在展厅里浏览时，突然发现，很多画都已经被买家贴上了小红纸条，表示已经预订。不知是自己之前没有说明白，还

2007 年 10 月赴韩个展时，
与驻韩大使宁赋魁夫妇（右三、二）留影

2007 年 10 月赴韩个展时，
与韩国原中央国立博物馆馆长（左二）、申光燮（右二）留影

2007 年 10 月赴韩个展剪彩时留影

2007 年 10 月赴韩个展时留影

参加韩国交流展

在洛阳博物馆接待韩国国立中央博物馆馆长申光燮（右一）

《国色天香》
97 厘米 × 180 厘米
纸本设色
2019 年

是主办方没听清楚自作主张，把自己原本不准备出售的画也给预订出去了。她急忙找到我，强调说："我参展带来的这些画，有一多半是不想卖自己要留下的。"事发突然，我也很是意外，只能两手一摊，很无奈地说："没办法啊，买方踊跃，所有的画都卖了，一共卖了三亿多韩元。"

我补充说："十个条屏几乎是被哄抢争购走的，八尺大画《国色天香》被国会议员预订，准备用来装饰青瓦台……"

王绣对我说，作为画家，有些作品是很有灵性、不可复制的，我很珍惜这些作品，因此才带来韩国展示，是想让大家分享美，并不是想卖掉。另外，有些画在风格尝试和形式探索上，有着某种历史纪念意义，是需要自己珍藏的，钱不是最重要的。为此，她执拗地坚持自己的决定，那些画不能卖！

见此情形，我只好协调主办方解决问题。为了给王绣一个交代，我们不得不一个个去做买家的工作，向人道歉，能做通一个就收回一幅。在展会闭幕前最后的交割中，主办方很无奈地向王绣表示歉意：除去那些实在收不回来的画，一共收回了三十幅。

王绣后来告诉我，这次画展给她留下了很深刻的印象，她不仅深深感受到中韩两国文化是如此相近，而且体会到牡丹画作为深化两国人民友谊的载体应该能够发挥更大的作用。所以，她一直期待有机会再去韩国举办展览，让中韩友谊之花再次绽放。

（申光燮）

诗意的追寻

——评著名画家王绣的牡丹画创作

"原创性的艺术源自即兴与顿悟，源自对生命存在的诗意追寻"，著名牡丹画家王绣如是言。

近年来，王绣创作的牡丹花卉系列作品已成为她艺术理想的诠释。业界一些评论家认为，王绣融会中国传统绘画艺术和西方绘画艺术传统，把生命体验与艺术感悟熔铸于形象，"以诗入画"，创造了明洁、高贵、圆满，渗透着诗意的牡丹花卉艺术世界，走出来一条独具特色的创作道路。

马来西亚国家美术馆馆长、著名画家拿吉看了王绣《国色浓香》等作品后评论："王绣用女性特有的细腻与情怀，表达了东方艺术的形神雅致。那翡翠般迷人的色彩，别致清新，极具现代意识，又具有东方艺术气韵。"

一

王绣与牡丹画艺术结缘似乎是一种天然巧合，1968 年，王绣在哈尔滨师范学院艺术系毕业后南下洛阳。从此，积淀深厚的河洛文化滋润了她的艺术心灵。洛阳是牡丹的故乡，天然地脉为以后她的创作提供了源头活水。1972 年春，王绣调到博物馆工作。1983 年，单位在王城公园内为王绣分了一套房子。

春天一到，王城公园内一片姹紫嫣红。那一朵朵洛阳红、一朵朵赵粉、一朵朵洁白和浅紫的牡丹，千姿百态，令人惊叹。

牡丹的靓丽与美妙触发了王绣的艺术灵感，从此，年复一年，她对牡丹细致观察和写生。冬天，她从落叶中拨开枯枝，体会牡丹的苍劲骨干；春天，她品味着淡淡的花香，观察牡丹的雍容盛开，这成了王绣与牡丹生命的一种对话。看似天然的巧合，其实蕴含着一种必然——真正的艺术创作根植于生活，根植于艺术家的生命体验。

花开花落，冬去春来，这些大自然的现象，对拥有艺术心灵的王绣来说绝不是自然的轮回，而是一次次对自然的妙悟，对自我生命的深切体验，对艺术创作的不断求索。年年岁岁花相似，岁岁年年人不同。牡丹从悄然发芽、生叶、结苞、盛开到悄然凋谢。王绣用自己的画笔潜心记录和感受自然生命的神奇，为她日后牡丹画的创作积累了丰富而坚实的基础。她那支来自于生活的画笔，犹如悠扬的双簧管，融入了她的生命体验，奏出的是充满激情、热烈的个性旋律。

1985年，洛阳举办牡丹文化节，王绣多年创作的牡丹系列作品首次开展。画展大获成功，成为她人生的一个转折点。1986年，王绣到日本、新加坡举办牡丹画展并现场作画，引起国内外绘画艺术界的关注。她的作品被中国文化部选送泰国国王行宫收藏，作为国礼赠送印度总理拉奥和新加坡总理李光耀，并由钓鱼台国宾馆陈列、收藏。以后，她的作品先后入选"全国首届中国花鸟画展""全国第八届美术作品展""中国当代牡丹书画艺术大展"等并获奖。

二

王绣的牡丹绘画艺术是自然的礼赞，渗透着由自然中升华的生命感悟。2003年，她创作《春语》。画面是三朵牡丹，花看似不多，但作者以一方石、一丛竹、一对鸟点缀配置，生动渲染，使绚丽的牡丹更显生机。王绣用心去感受艺术对象，把心中的"牡丹"化作表达生命体验的审美形象。2005年，她创作的《春雨》构图别出心裁。画面上，两朵硕大的牡丹一正一侧，两个不同方向感的花朵相依相伴，充满节奏感与生活情趣。淡淡而低垂的花瓣，凸显于石间的绿叶，花、叶、石、竹营造出润物细无声的优美意境。

现实生活的无奈、世俗和凌乱挤压着人们的诗性空间。王绣的可贵就在于有一颗世俗泯灭不了的艺术心灵。因此，审美意向的创作成了王绣追寻诗意的一种方式。她在《春色岂知心》一文中吐露心声：和煦的春风里，

怒放的牡丹傲然挺立；当大雨在洗净了空气中的尘垢后，姚黄与赵粉，真是黄的愈鲜，粉的更艳。

"我的心像蓝天一样一览无余，以光明的心性面对人生。"王绣就是以这样的姿态超越世俗、超越自然、感受现实生活的诗性。她悟出牡丹之所以被誉为国色天香，因为它给予人以高品位的精神愉悦，给人以美和善，给人以和谐纯净。

基于此，对生命的关照，对生命尊严的感受与思考，成为王绣艺术创作的绵绵诱因。牡丹已成为她的知音和生命的伴侣，从含苞待放到遍地凋零，她在阴晴雨晦中尽情与之对话。每一年，她都与牡丹一起，陪着牡丹匆匆走过那高贵而完美的一季。于是，在王绣的绘画作品中，那些蕴藉着勃勃生命力的花蕾，那沉默的横逸斜出的巨石，都能让人揣摩出她对生命的呵护。水仙、树芽的雅趣，蜜蜂、小鸟的稚态，这些常见的点缀意向其实就是艺术家的动人心语。

拥有坚实的艺术根基，才有艺术创作中笔墨的自由、精彩的奔放。王绣的创作特别注意营造意境之美。近年，她创作的《占尽春色》通过用色来渲染动感突出。画面上的牡丹、桃花均以曙红、白色调和，两种花卉平行横出，给人一种清风吹拂之意。整幅画面，作者用了红、黄、白、绿等六种颜色表现牡丹的色调。画面斜出一巨石，水仙花穿插其间，挺拔清雅，意趣顿生。牡丹花则在色彩上轻重相依，密集出繁茂，疏朗出润逸。既突出了牡丹的富贵吉祥，也渲染了花海花簇的郁郁生机。作品弥漫着抒情气氛，并给

《檀心逐朵蕴真香》
138 厘米 × 69 厘米
纸本设色
2007 年

《独占人间第一香》
138 厘米 × 69 厘米
纸本设色
2012 年

人一种超凡脱俗之感。

三

　　艺术的生命还在于不断追求，不断超越。王绣的追求与超越首先是基于继承，她继承了中国传统水墨写意的技法与理念；其次是借鉴，她借鉴西方绘画艺术元素，融入自己

对自然生命的细腻观察和深切体验。2011年，河南美术出版社出版的《国色天香：王绣牡丹花精品集》收集了王绣创作的六十多幅牡丹画作。其中《含香娇态醉春晖》《独占人间第一香》《牡丹迎春》《凝香送英雄》《牡丹紫藤》等作品，构图空灵，色彩富丽，气韵生动，宛如天光。画面上或蜜蜂枝头细语，或蝶儿在花间翩翩起舞，盎然的春意孕

《芬芳》
38 厘米 × 40 厘米
纸本设色
2015 年

《清艳》
38 厘米 × 40 厘米
纸本设色
2017 年

育着勃勃生机。作者以特有的灵性和悟性赋予花鸟勃勃生机，有势、活脱、灵动，临风有神、悄然生姿，营造出参合造化、妙合自然的艺术境界。

泰国王子大学教授、画家莫马谈到王绣的作品时给予如此评价："王绣的绘画是空间视觉的呈现，图式的静态，凝聚了艺术家对自然与生活瞬间的景像和境像的追求，通过艺术的手段抒发艺术家的情感与思想。"

《国色丹青：王绣牡丹花精品集》，写意作品《绿艳闲且静》《轻盈洛神风》，工笔画《花艳芬芳》《春来谁做韶华主》等，最能反映王绣的艺术理想，也最能反映王绣艺术创作的价值追求，尽显一个女性画家特有的细腻与慧心。这些作品别致的构图与浓

淡着色，彰显画家对自然生命细微变化深切把握的艺术功力。其艺术形象达到了像与意、情与景的统一，西方艺术视觉实境与中国艺术笔墨意境在她的这些作品中得到了有机的融合。

王绣追求一种艺术境界，同时也注意保持一种淡然于功利的创作心态。她保持了内心的疏朗与宁静，让艺术心灵沉浸于自然之美、生活之美，在自然生命中融入审美体验，撷取生活的点滴诗情，不断创造艺术新意境，开拓艺术新境界。

（谢庆立）

"关东女"与"香魁居"

我和王绣是大学同学，她高我一届，我称她为绣姐。

印章，往往可以是探索到艺术家心灵的窗口。王绣有许多印章，但她在牡丹画上盖得最多的印章只有两枚，一枚是"关东女"，另一枚是"香魁居"。

知王绣身家底细的人，一眼便知她"关东女"的内涵，昭示自己是闯关东的东北人。王绣的父亲五岁时随爷爷从山东潍县北上闯关东。王绣就出生在因中东铁路兴建而发达起来的哈尔滨。

出生地就像一个人的胎记，让人忘不掉、抹不去。王绣对哈尔滨有许多美好的回忆。她每次回哈尔滨都爱旧地重游、南岗的圣·尼古拉教堂旧址，道里的铺满小条石的中央大街，

哈尔滨同学合影

松花江畔的铁路俱乐部，江北的太阳岛……这些地方都是中学、大学常去写生的地方，对她身上艺术细胞的生成提供过无尽营养。一次，王绣回哈消暑，我和王绣走在南岗大直街与红军街交口处，她还心情沉重地对我说："'破四旧'时，人们用绳子拽倒圣·尼古拉大教堂的塔尖时，我正路过。当时，我的心几乎都要碎了，那是多美的一座教堂啊！它是历史留给我们的艺术品。建筑物不管是谁建的，它就是个历史标签。立在那儿，就是城市的生动记忆，它是无罪的。如果非要给它贴上有罪的标签，那上海外滩的万国博览建筑群早该被砸成碎砖烂瓦！哈尔滨不会再有这样美丽的建筑了，这是故乡的悲哀啊。"有一次，我们在道里中央大街闲逛，还没到吃饭的时候，她就说："咱们到华梅去吃西餐吧。"华梅是哈尔滨最有名的西餐厅。她去华梅，一是对西餐的偏爱，二是想在华梅的俄罗斯情调和气氛中重新寻找童年梦想的痕迹。那天，在华梅拼花的橡木地板上，看着像插满蜡烛似的枝形灯以及满墙的挂饰和油画，王绣陷入深深的怀旧情绪中，似乎又找回了她年轻时最钟爱俄罗斯油画的梦想的影子……

关东广袤的土地，对于锻造关东人的性

《尼古拉教堂》
24 厘米 × 26 厘米
水彩
1962 年

格无疑起到了巨大的作用，关东人的热情豪爽、大气与侠义最能体现在王绣身上。每次她回哈尔滨都要拉着我和老同学们上街，挑这选那地给朋友们买上几件像样的东西。她说得极随意又亲切，让受赠的人也易于接受："你这包太不时尚了，我给你换个新的。""来，试试这件连衣裙，你穿肯定漂亮，我来埋单！" 她重友情，谁家有了为难遭灾的事，她都要包个包，以示慰问。一次

她回哈尔滨，正赶上母校哈尔滨师范大学艺术学院校庆，由于学校不知她回来，也没请她作为嘉宾出席，可她闻讯后却执意出资赞助。她的大气在老同学中是有名的。

王绣每回哈尔滨必呼朋唤友，召集青春时代彪男悍女，你来我往，作饕餮客。一次，在望江宾馆聚餐，老同学申海清大发诗性，即席填词《画堂春》："往事如烟何茫茫，不堪回首同窗。华男靓女无斯相，两鬓苍苍！相聚

有缘心畅，春风来自洛阳。阿绣画笔世无双，国色天长。"诵后，大家击掌叫绝。王绣说，她最喜欢这种怀旧没有悲伤的热闹场面，心里会感到无比畅快！

满打满算，王绣在哈尔滨待到大学毕业计二十六年，而她在中州洛阳，却一呆就是四十六年。"香魁居"三个字，就写满了她与洛阳将近半个世纪的不解之缘。

香魁居，是王绣画室的名字，是大画家范曾题写的。这名字起得大气，漂亮！香，国色天香之香；魁，乃居第一位者。这是画家同行对王绣的至高评价。王绣的"香魁居"面积有100多平方米，一张来自巴西的长5米、宽2米、厚0.3米、重达千斤的木质大画案，彰显着沉稳、厚重。贴墙的一大排书柜里插满了画册，还有几件陶俑点缀其间。摆件架上除了大小不等、造型奇异、材质不同的小摆件外，活泼可爱的小瓷人、小娃娃格外抢眼，显现出女画家的爱好和情趣。王绣的牡丹画大多是在"香魁居"创作的。

我喜欢欣赏王绣的牡丹画，不仅常琢磨她的画，也尝试跟她学画牡丹。比对近百年中国写意花鸟大家任伯年、吴昌硕、齐白石、陈半丁、王雪涛的牡丹画，我觉得通过四十年的专心修习，王绣形成了自己的风格与表现手法。她的小写意牡丹可概括为以墨为骨，以色为主，用笔利落，巧出层次，花形饱满，色彩明丽，构图多变，雅俗共赏，开创了当代写意牡丹的一代画风。

从她画的花头上说，有强烈的立体感，融入了一定的素描元素。花瓣前实后虚，花形圆中有缺，外整内繁，花形正、侧、俯、仰，掩映错落，独树一帜。花头用笔大胆利落，一气呵成，笔中的黑、白、灰之间关系掌握准确。水分干湿浓淡处理得当，花色以胭脂、曙红为主，色彩浓艳，鲜亮喜庆，单一颜色的紫色、绿色也各有韵致。

她画的花苞或半开，或待放，寥寥几笔，简洁灵动；几片大叶包叠着小叶，似待阳光雨露而绽放。画面上的花苞如点状跳动的音符，彰显画面的活力。

她画的牡丹叶子，大胆取舍，在表现牡丹叶子的三杈九顶的特点同时，还将叶子分成组，近处也以墨为骨，画得实而色重，远处叶子则虚而淡，嫩叶加以适量的胭脂色并勾筋，即显现出嫩叶的特点，从色彩上也与花朵形成呼应，使整个画面在色彩统一中求变化，有在阳光下跳动之感，增加了几分喜悦与和谐。

王绣的牡丹尤显不同的是，牡丹枝干往往画于花头之上，出枝大胆，或弯或直，根据画面与构图需要而出，使画面更加均衡，带有节奏和韵律。

在构图上，王绣的牡丹画不拘一格，往往取花的中上部分，很少取全枝，充分利用点、线、面的几何排列组合，利用四尺宣的满构图画面，这是前人不曾有的。

王绣的牡丹画，可以说是在传统绘画的基础上，加进适当的现代视觉构成元素及现代绘画色彩，形成了今天的小写意风格。其作品因雅俗共赏得到画界及社会各阶层的喜爱和认可，有的用它来赠友，有的用来装饰家居，有的干脆为了收藏。

画界有个说法是"学我者生，似我者死"。现在，全国的小写意牡丹大都依照王绣的画法与风格，但还没有谁能突破她。正如许多人学齐白石画虾，却画不出齐白石笔墨的老辣和虾的神韵一样。

我家的客厅挂有一张我自己画的牡丹图，和王绣的画对比，判若云泥！我想，除了自己笔下的功夫不到，大概还是没悟到画牡丹的真谛。

关东女，愿你保持率真、豪爽的风格；

香魁居，愿你挥洒出更多牡丹画的美丽！

（许素雪）

锦绣画语

　　牡丹，又名洛阳花，地脉最相宜，栽培多殷勤。洛阳是牡丹温馨的摇篮。幸福的意蕴，华丽的风采，牡丹凝聚着时代的价值取向和人民的审美情趣。在洛阳，种花成俗，赏花成风，绘画牡丹，旋成洛阳艺术创作的大潮。星空明月，舆情共誉。牡丹与洛阳同位，王绣女士的牡丹绘画，已成洛阳的美学徽章。

　　王绣早年就读哈尔滨师范学院艺术系，曾接受西方油画光影明暗的色彩训练。随后供职洛阳博物馆，有缘亲近汉唐壁画工笔花鸟的着色传统。中西互补互丽，泼墨点线交融。在艺术实践中，为花卉绘画的色彩要求，奠定了技艺基础。王绣创作的牡丹画，繁花叠彩，复叶凝碧，光影流丽，设色可人，充分发挥了牡丹色彩的视觉优势，这是牡丹的本色。难能可贵的是，王绣在绘画黄金蕊、红玉

叶鹏出席"锦绣画语"开幕仪式

瓣、翡翠叶、琥珀枝的国色牡丹时，融入了传统的水墨风采，淡去脂粉，清雅迎人。泼墨、积墨、破墨，墨呈五色，流动在花叶之间，胭脂缊灵秀，艳而不俗，生动展示色和墨的和谐节奏。

在这次画展中，我们有幸观赏王绣精心创作的多幅扇面小品。小巧的画面，却能淋漓展示引人联想的大家风范。扇面小品，色润春雨，墨健秋风，瓣儿翻卷正侧，叶子偃仰起伏，或迎风带露，或映日呈霞，仅一花一叶，却倍见花儿精神，更显画家风采，怎一个雅字了得！

白居易诗云："花含春意无分别，物感人情有浅深。"牡丹艳丽，牡丹清逸，牡丹是富贵的象征，牡丹是高雅的向往……牡丹绘画，立意缤纷，却最能体现画家的品位。君不见，王绣笔下的牡丹画，水墨中铮铮铁骨，淡彩间脉脉柔情。最喜花蕾初放，这是对生命苏醒的喜悦，欢歌永唱；最惜花瓣凋零，这是对生命永恒的记忆，爱心悠长。

阳春四月，大自然万紫千红，展厅内百色生辉。在观赏留恋画卷后，你将带回的是审美的欢愉，引发对真善美的感动和向往。感动开启美德，向往伴随追求。请接受我对审美创造者的深深敬意！

（叶鹏）

与时任市委宣传部部长杨炳旭、主持人鸽子画展合影

与中央美术学院刘金贵画展合影

与著名演员翟万臣（中）、歌唱家石诗华（左一）、
市委宣传部部长杨炳旭（右二）、书法家毛鸿艳（右一）合影

参加"锦绣画语"访谈活动时留影

陆

芳华香魁

芳華香魁

芳华香魁

一座城，会因为了解而愈发深爱，
比如洛阳；

一个人，会因为了解而愈发敬重，
比如王绣。

距离才情并兼的北国女儿王绣与雍容的古都之花牡丹第一次见面，已然匆匆五十载。

对王绣而言，见到牡丹、爱上牡丹，牡丹成为自己矢志丹青的寄托、追逐美好的天香之梦，仿佛是一场注定的缘分……

不论是年轻时的一见钟情，还是成年后的执着痴迷，牡丹，一直在她的笔下有着勃发的生命力，也如同她自己，鲜而不火，丽而不俗，可端方绮丽，也可澄澈秀美，充满了对生命无限的热爱。

从早春到暮春，从清晨到夜晚，无数个日升月落，与牡丹相伴多年的王绣，看过牡丹广为人知的风姿，也见过众人不曾知晓的

与王晓鸽在一起

美好。她让牡丹感于心扉，流于绢素，沁润着华夏文明根脉，而又吸入洛阳的烟火气息，从而由着心性在笔尖吐露出一株株牡丹绮丽、春风和朗。

而王绣自己，也在伴着花开花落几十年的时光里，从当年的敢爱敢恨、快言快语写就波澜壮阔的牡丹画传奇，到了如今云淡风轻、相逢一笑、下笔雍容、毫不迟疑。

曾经的豪爽不羁、敢爱敢恨，曾经的儿女情长、率真执拗，都渐渐在渡尽劫波之后归心平静，化作一腔洒脱和温婉，一心作画，诸事随意，不问不怨……

王绣说："人生都很慢，听从内心的安排，一辈子专注做好一件事，至少，对得起光阴岁月。"

何尝不是呢？

人生，可以浓烈，可以清淡，可以张扬，也可以内敛。每每与王绣相处，总会感慨万千：像她如此，人已行过古稀，将进耄耋之年，但还依然纯真而质朴，拥有少女般情怀；置身万千拥宠之中，却依旧平常而谦恭，着实是可敬又可爱。

不过，也或许正是因为如此，人品成就艺品，她才一直在牡丹艺术的殿堂里总领群芳，花居香魁。

也或许正是因为如此，所画皆随心，在她的纸上，已盛开过万次的牡丹至今依然绽放得灼灼璀璨，以华枝春满的丹青国色，给人以馨香无限……

人，要有温暖心，用一身的光芒去温暖身边的喧嚣世界。

人，要懂得感恩，用自己的才华去回报养育自己的城市。

半个世纪的悠长时光，几十年漫长的丰厚回忆，从当年初到洛阳的失望到后来的对这座城市的热爱，一段段不解之缘，一个个生动的故事，记录着王绣几十年投身文博事业、浸润河洛文化、坚持文艺创作的的丰富经历。

她曾经对牡丹一见钟情，悄悄摘了盛开的花朵，回家连夜作画。

她曾经满身尘土，钻进阴暗潮湿的墓室，临摹整面墙的彩色壁画。

她曾经因为坚持要把最珍贵的文物留在洛阳，连夜找省长愤然陈辞，甚至斩钉截铁誓要与文物共存亡……

于牡丹，她有温婉的寄情，所以有不遗余力的描绘与墨色渲染；于洛阳，她有执着的奔赴，所以有半生努力的追寻与甘心奉献。

几十年来，她执着创作，丹青写国色。而古稀之年，她依旧精力充沛，思维清晰，谈吐文雅，笔耕不辍。

她对于这座城市，对于河洛大地的爱，随着年龄和阅历的增长也更为广博，更加执着。

作为文艺界的资深长者，她不遗余力提携后辈，嘱咐她们绘画艺术需要传承，需要后来者。

作为连续两届的全国人大代表，她不止一次提议关注河洛文化，重视洛阳文化中心城市的建设。

作为洛阳和牡丹的义务推广者，她几乎每年都要带着牡丹画飘洋过海、展览交流，更是连续四年坚持不懈为了要把牡丹确定为国花一次又一次提出议案。

熟悉王绣的人都知道，就在去年春天，她不小心摔了一跤，却坚持拖着受伤的腿赶赴北京，参加国花提案的调研。

面对大家心疼的目光，她铿锵坚定地说："洛阳人民养育了我，给了我今天，我应该回报。只要是为了洛阳，我义不容辞。"

这就是王绣，她始终都是那个爱花、爱画，将推广洛阳作为终身事业的一团燎原之火，不由得人不敬重、不钦佩。

而我们也从她身上明白一个道理：人不是因为老才失去激情，是因为失去激情才变老。

对啊，如她，燎原之火，怎么会老呢？

即便时光流逝，容颜老去，但总是一如既往地传递着绵绵之力，久久不绝。

这便是晚年的王绣了，将自己活成了一株珍贵的牡丹：凛然而雍容，温柔而恬淡，心境越发平静，精神愈加强大，无时无刻不在践行艺术家的使命，永远的一腔热爱，永远的激情无限。

芳华不必追逐年轻，
以热爱点亮艺术传承，
香魁不必永拔头筹，
以薪火相传写就永恒！

（王晓鸽　李怡璇）

一路上有您

——我与王绣老师二三事

王绣老师属马，今年（2014 年）七十二岁，是她的本命年。作为王绣老师的学生，跟随她工作学习也有二十多年了，如今，许多往事浮现，感怀良多。

一

我和王绣老师是有渊源的。这个渊源应该说是托了我父母的福。我 1968 年出生在北京，那是一个动荡的年代，父母把我寄养在河北农村的祖母家。到该上小学的时候，他们把我从老家接到洛阳，就读在 612 所子弟学校。我们全家都住在学校对面那栋 1976 年盖的公寓楼里。当时，楼里住的全是像父亲一样来自全国各地的航空研究专业的大学生们，几乎都是外来户。从东北哈尔滨来的王绣老师家的才叔叔和我父亲都是这群人中的一员。

小学时，我们班袁航同学的父亲在所里负责文体活动，和王绣老师认识。他经常带着袁航去找王绣老师学画画，袁航也经常约我们一些小伙伴们去王阿姨家看她画画，我也就这样认识了王阿姨。记得那时候，我们

这群小毛孩子特别爱去王阿姨家，很喜欢这位会画画的阿姨，而王老师也很喜欢我们这帮小屁孩儿。同学刘静至今还说起，有次袁航和王老师学画的时候，她还当了回小模特儿。画完了，王阿姨还奖给她两块钱，她简直开心极了！

后来，王绣老师全家搬到王城公园去住，大家见面的机会就少了。

二

和王绣老师再续前缘是 20 世纪 80 年代后期的事了。当时我在洛阳大学读美术专业，左小枫老师带着我们去做洛阳博物馆的陈列装修。那个年代，装修才刚兴起，对我们来说，既算是实习，又算是勤工俭学。那时候，王老师已经是洛阳博物馆的馆长了。我因为从小跟随父亲学书法，在班里字写得最好，所以书法抄写相关的事都是由我来干。王老师见了，说这个小伙子写得不错嘛。我说王老师我们原来住在一个大院里呐，我叫张建京。王老师连声说记得、记得，然后会心一笑。从此，我与王老师便结下了不解之缘，一直到如今。

1990年10月王绣牡丹画展留影　　　　　　　　　　　　　　　1990年王绣个展留影

大学同学吴非毕业之后分配到了洛阳博物馆做美工，我毕业之后回到612学校做了美术老师。因为彼此了解，吴非常叫我过去写博物馆的广告牌。

1990年，王绣老师要在洛阳博物馆做个个人画展，前言需要人抄写。王老师跟吴非讲，你叫建京来写吧。沾了王绣老师画展的光，我的书法特长也因为这篇前言第一次展示在众人面前。大抵看画展的人，一般都会先看前言。有人就问王老师，这字是谁写的？王老师就把我叫过来，跟人说就是这个年轻人写的，写得不错，我的学生。从那以后，博物馆的广告牌、前言就成了我展示书法的平台，也成为激励我写好字的一个不小的动力。

1991年和1992两年，我的作品入选全国书法作品展，我也加入了中国书法家协会，成为当时洛阳市最年轻的中国书协会员。得知消息后，王绣老师热情鼓励我说："建京不错，继续努力呀！"

三

1995年，洛阳的文化艺术方兴未艾。开始有一些单位、个人的画廊出现在洛阳街头。朋友杨荣生认识王城公园东门牡丹画廊的经理贾卫东，约我一起在那里做展览。荣生长我五岁，擅画工笔花鸟，也是王绣老师的学生。他画工笔，我写书法。人生头一回办画展，也没经验，也没畏惧。荣生说，你再画些写意画呗。当时刚学画的我于是勉强画了几张写意花鸟权以凑数。

画展开幕当天，王绣老师就来了，她看完展览说："建京，你的字不错，画还要继续学习呀。博物馆经常举办画展，你有空多来看看会有提高的。"说完，她指着一幅以书札形式书写的吴昌硕风格的行书条幅说："我喜欢你这幅字，收藏啦。"要知道，这可是第一次有人正式收藏我的作品，而且一下子就是六百元，当时，我心里那叫一个高兴

与张建京合影

与张建京、吴非合影

啊！王老师以这种方式鼓励我进步提高，其中苦心至今不能忘怀。也就是那次以后，我开始踏上正式学习国画的道路。

1995 年之后的几年时间里，来自全国各地的画家纷纷来洛办展，尤其一些专业美院的老师也在洛阳博物馆举办展览。

当时，王绣老师多方筹集资金，将洛阳博物馆的机动展厅重新装修，成为全市最大、最专业，也是利用率最高、展示效果最好的美术书法展览场地。每次一有画家来访，王老师就让吴非叫我过去，和画家们见见面，帮助布置展览。一方面能见到平日敬仰的大画家，一方面能亲手布置画作现场学习，对我来说，真的是荣幸又难得的机遇！

四

有了王绣老师提供的平台，见到许多国内国画大家的作品，从而也有了对外界的更多了解。1999 年，在王老师的鼓励帮助下，我决定北上求学。当时我还在学校教书，学校领导不太支持我脱产进修。为此，王绣老师专门给我所在学校校长写了一封信，介绍我的情况，肯定我在书画行业的成绩和前途，并且认真谈了进修和教学工作相得益彰的道理。最终说服了校长，同意我去北京中央美院进修。

刚入学一个月，王老师来北京国家文物局办事，就约我和同来北京学习的同学江辉在琉璃厂见面。一见面，王老师就迫不及待地说："这回抽个空儿，专门来看你们，需要什么尽管说。"已经满怀感激的我们自然没有任何要求。看我们都不提，王老师就去给我们一人买了一刀宣纸、一刀毛边纸和一些常用画材，而且语重心长地说："建京、江辉，你们现在都有工作，请假脱产来学不容易，给你们买点材料，好好学，给咱洛阳画画的争口气！"至今我都清楚记得当时王老师说话的语气，话音不高，却掷地有声。转完琉璃厂后，王老师又说："你们学费高，平时画画买东西又多，不舍得吃好的，咱们一起吃个饭吧。"第二天一早王老师就约我们去了王府井的国际艺苑，吃了顿丰盛的早餐。那天，吴非也从洛阳过来了。王绣老师晚上又专门在五星级酒店订了房间，让我们哥仨欢聚，畅谈了一晚。几刀纸、一顿饭、一次五星级酒店里的享受，也许今天看来，这些都不算什么，可是我却刻骨铭心。因为，王老师无微不至的关怀、润物无声的鼓励，带给我无尽前进的动力！

经过一年正式的美院进修之后，我才真正开始了中国画的创作，开始参加中国美协主办的一些展览，渐渐在画界里崭露头角，小有名气。到了2002年，王老师力荐我担任洛阳市美协的秘书长。2004年，我又顺利加入了中国美术家协会。

"建京，我的学生，中国美协、中国书协双料会员，人家可是靠自己努力取得的成绩啊。"王老师每次很自豪地向别人这样介绍我的时候，我都会心生感激与感动：这一路走来，无尽艰辛无尽幸福，能够有今天，是因为一直有您啊！

五

王老师多少年来一直忙忙碌碌。博物馆的文博工作、美协的美术事业，复杂又琐碎，但是，她一件件都能安排得井井有条、行必有果。在洛阳博物馆的院子里，随时可以看到她行走如风、勤奋忙碌的身影，在我心里，无时无刻不充满对她的感激和感谢，她就是

一位慈祥的母亲，可亲的长者。

几乎每天都有向她求教的国画爱好者和来自全国各地的追慕者。工作繁忙的她总是微笑着和蔼可亲地接待他们，给他们讲画，送他们画册。本市画家们办展览，不管名头大小、水平高低，只要她在洛阳都会去参加，祝贺同时不忘给他们以鼓励。外地的画家来洛阳办展，她也都会拿出自己的钱收藏一两张画作，支持画家的创作。

2010年6月，王绣老师应中国艺术研究院美术创作院的邀请，为那一届花鸟画高研班的学生们上课，我陪她一起去的。到了北京。满维起老师安排人去接我们。当时上课的地点是北京西北的凤凰岭美术基地，在北京城的边缘地带，再加上刚启用不久，条件相当有限。可为了上课方便，王老师婉拒了住城里酒店的安排，住进了凤凰岭的小招待所里。招待所设施很差，没有空调，没有热水，晚上还要点蚊香。我看完都直撇嘴，王老师却说："挺好，挺好。咱画画的人常出去写生，福也能享，罪也能受，这里已经不错了，有山有树，安安静静的，挺好。"

第二天一大早，王绣老师就开始神采奕奕地投入到教学准备当中了。

当时，一听说王老师来讲课，教室里坐得满满的。听课的不仅有花鸟班的，也有人物班、山水班的。从中国花鸟画的发展历程，到牡丹画创作方法，王老师边认真讲述，边现场示范，讲完，还不忘和大家展开交流。

有一位山东的学生已经五十多岁了，非常仰慕王老师，想让老师给他改改画。热情的王老师拿起他的毛笔就开始边讲边改正，画

与张建京合作《期颐天香》，为著名戏剧表演艺术家
马金凤庆贺百岁寿辰

完后，还开玩笑说："不是我画得好，是你的毛笔不错。"那学生高兴坏了。后来，王老师从北京讲完课回洛不久收到一包新毛笔，就是这位学生寄来的。王老师赶紧通过高研班的负责人要来这位同学的电话，亲自打电话向他表示感谢，随后还又寄去买毛笔的钱和自己的画册，鼓励他好好学画。

王绣老师虽然成名多年，但一直平易近人，没有一点著名画家的架子。洛阳有个平乐农民画村，全村画牡丹的人很多，大多又都是学画王老师牡丹画的风格，被洛阳市确定为文化产业特色基地。王老师带头去给农民们辅导牡丹画。上课安排在刚割完麦子的夏天，天气很热。村里农民们一听王老师来上课，激动万分，纷纷挤过来听讲，把她围得紧紧的。后面的人看不见索性就站在凳子上、桌子上。现场围得密不透风，王老师不停地用手绢擦汗都擦不及，汗水一滴一滴滴

在宣纸上，可就这样，王老师依旧耐心细致讲解牡丹画的各种技法，一讲就是一上午。

现在，平乐农民牡丹村已经有了自己的文化园区，条件也今非昔比，可陈列馆里一直挂着王绣老师在密密麻麻的人群中教授牡丹画的大照片，那种壮观的场景已经成为这里永远值得珍藏的一段历史。

提起笔，能够写下来的也许只是王绣老师的点滴小事，却是我永远不能忘怀的铭记。

跟随王绣老师二十多年，从未因过失而受到过责备，相反，却总是因为一点小小的成就换来老师的赞许。是王老师，告诉我，怎样才能走得更远、更好；是王老师，一直以她的人格魅力与精湛的画艺引导我，做好人、画好画……

（张建京）

独立人间第一香

唐人有咏牡丹诗曰："竞夸天下无双艳，独立人间第一香。"在我看来，这句诗用来形容王绣老师，也是恰如其分的。

三十多年前，我就认识了王绣老师。

彼时她已经是享誉艺术界的绘画大家，而我是刚参加工作的电视台记者。

因为工作关系，我经常到文艺书画活动现场进行采访，也经常见到王绣老师。

每次看到王先生的画作，我都忍不住感叹：艺术家对于生活的感悟和升华，实在太让人钦佩了。从那时起，我也开始培养自己的文艺爱好，逐渐与艺术家们交上了朋友，走上了文艺之路。

当时的我从没设想多年后，自己会调到市文联工作，担任党组书记、主席，与以王绣老师为代表的艺术家们走上了同一条战线。

在这些年的相处共事中，我认知到什么叫做真正的艺术家。

王绣老师德艺双馨，成就很高，既忠于自我艺术表达，又重于德育花园繁盛。

她从白山黑水而来，扎根中原沃土，不仅爱上了这里的历史文化，而且爱上了这里的城市象征——牡丹。

她执笔从艺六十年来，精研画技，匠心创作，堪称洛阳画家中的泰山北斗、洛阳市文艺界的代表人物。

带着无限热爱，她痴迷地观察写生不同时段、不同品种的牡丹，由此积累了丰富的创作经验，并融入自己对于艺术表现力的独特见解，用色彩与光影，在宣纸上塑造出一朵朵绚丽夺目、神姿各异的牡丹花。

在王绣老师的带领下，以洛阳的牡丹画为主要创作题材的"新牡丹画派"渐成大观，一代代青年画家层出不穷，她无疑是站在这个画派最前端的重要人物。

除了艺术成果令人惊艳，她对洛阳的爱、对美术传承的关切和对社会的奉献精神也同样令人感佩。

王绣老师主持洛阳市美术家协会多年，兢兢业业，是洛阳艺术家的楷模。在协会工作中，王绣老师尤其注重培养新人。

每当洛阳的年轻画家办展览，她都出席捧场，还会购买、收藏作品，鼓励他们不断精进；每当市里的美术活动或者画家遇到困难，她都慷慨解囊，或是捐出画作，帮助他们脱困。

与第七届洛阳市美术家协会主席团合影

在凤凰岭香魁居前合影

王绣与洛阳市文联主席王晓辉合影

她关心洛阳青少年的美术传承，积极投身各种活动，亲身指导，有力地促进了洛阳美术事业的发展。

王绣老师长年担任洛阳市文联兼职副主席，后来又担任市文联名誉主席，热心公益，敬业奉献，是洛阳文学艺术界的典范。

汶川地震、河南水灾、抗击疫情，每次重大突发事件面前，都能看到她的身影，积极捐款、捐画，甚至通过不同渠道多次捐赠。

在担任全国人大代表期间，她尽己所能宣传牡丹文化、洛阳文化，提升了洛阳的美誉度，常年呼吁以法律形式确定牡丹为国花，就算是摔伤了腿脚，也毅然奔赴北京参加国画提案调研。

她说："洛阳人民养育了我，给了我今天，我应该回报。只要是为了洛阳，我义不容辞。"

王绣老师爱洛阳牡丹，爱这片土地孕育的人们，她宛如她笔下的牡丹一样，以怒放传递美好，以芬芳传播大爱，用丰盛的生命力去慈爱世界。

于我而言，她就是"独立人间第一香"。衷心祝福她艺术之树长青！

（王晓辉）

一室丹青揽万千

不是每个人都能为自己的人生树起一座丰碑。丰碑是一个人或思想、或道德、或艺术的高大背影，它的价值属于全社会。

在洛阳博物馆五十年的历史中，除精美的文物外，还没有哪个人能在那些偌大的展室中留下一块属于自己的永久之地。而在2013年4月28日，博物馆为一个人专门辟出一个永久性展室，这个人便是牡丹画家王绣。在"王绣牡丹艺术馆"开幕式上，市里多位领导到会祝贺，充分显示了洛阳对于像王绣这样的艺术家的高度重视，他们把王绣看成是

洛阳一张金光闪闪的名片。也的确如此，王绣的牡丹画为洛阳的经济、文化、旅游、慈善事业做出了巨大的贡献，理当享受这殊荣！

王绣自己对"牡丹艺术馆"亦看得很重，因为这是这方土地和人民对自己的认可和期待。她知道，凡到洛阳来的人都想看看甲天下的牡丹，而牡丹的花期又很短，成片开也就二十多天，错过季节就看不到了。有这个艺术馆就可"花开遂人愿，四季皆可观"。室外看不到牡丹了，可以到室内看牡丹画，仍可感知国色天香的美丽，且风雨无忧。

王绣牡丹艺术馆

王绣牡丹艺术馆内景

与谢虎军馆长接待外宾

参加艺术馆开幕仪式

　　为了办好"牡丹艺术馆"，王绣可以说是煞费苦心。她要求自己的作品质量要最好，形式和色彩的搭配要最好，展室灯光效果要最好，视觉感觉要最好，画幅要疏密得体，大小、长短适宜……经过反复筛选，她选出三十六幅自己不同时期的精品力作，参加过全国画展及获奖的《春满乾坤》《凝香送英雄》《洛浦春浓》等均入选在内。

　　在展室的布局上王绣也想得很细，由于展室的中间不能悬画，她在中国瓷都景德镇烧制的六个牡丹青花瓷瓶就摆放其间，展示自己在艺术新领域中探索的同时，也让游客和参观者延伸对牡丹画的阅读，缓解参观者的视觉疲劳。

　　"王绣牡丹艺术馆"是高品位的，必然给人高品位的享受！

　　艺术馆开幕那天，室外牡丹花盛开正艳，室内牡丹画满室生辉。室内、室外遥相呼应，把洛阳的春天装扮得欢喜无限。游客在"王绣牡丹艺术馆"的留言簿上写下这样的诗句：

　　"天香笔下恣意开，共与窗外闹春暄。若寻河洛斑斓处，一室丹青揽万千。"

（谢虎军）

牡丹《唤春》

牡丹盛开的时节，王绣邀请我及爱人王德舜，大学同班同学于美成、朱延龄飞抵洛阳。多年不见的老同学见面异常兴奋，分外亲切。

这一年，中国洛阳牡丹文化节开幕式是"姚黄之夜——洛阳印象"大型文艺晚会。王绣应邀现场表演巨幅牡丹画，我们也一同到现场观看了晚会。晚上六时许，当我们走进宏伟的洛阳体育场时，一种震撼之感油然而生。万人晚会座无虚席，在五彩缤纷的灯光里，高昂激奋的音乐中，前央视名主持人李咏，歌唱家阎维文、程志，电影演员张铁林、宁静，相声演员周炜等健步走上舞台高呼着："洛阳牡丹节，我来了！"把会场气氛一下子推入高潮。

当晚会进入第二篇章"文化·印象"时，北京歌舞剧院二十多个扮成牡丹仙子的女舞蹈演员，在著名歌手孟沙沙《牡丹颂》的美妙歌声中翩翩起舞。这时，舞台深处，升降台上王绣与一个大画案缓缓升起。我们的心也随之激动起来。只见王绣淡定稳健，手中画笔运转自如、潇洒飞动。王绣身后的投影大屏幕上放大了其作画现场，风光无限。只见王绣神闲气定，笔走龙蛇，刹那间，一朵朵带着晨露、艳而不俗、清韵高雅的牡丹神奇地绽放开来。一幅写意牡丹图《唤春》随着歌声结束也落笔完成。其速度之快、画面之灵动，令人称绝。当《唤春》大作在台前向观众展示时，全场掌声雷动，人声鼎沸，晚会掀起了高潮。主持人李咏尊敬地称王绣为先生，并与她开了个玩笑，说："看画有一百五十年功底，看人这么年轻。"（他可能真不知道王绣当时已七十有三）。他调侃："一幅画和一首歌要在十多分钟内同步结束，真是难为了王绣先生。"他请王绣讲话，王绣在讲话中说："我们洛阳近万人画牡丹，是因为牡丹把它的美丽献给了人间，我的画笔要把最美的牡丹献给洛阳和在座的朋友。"接下来，场上出现了有趣的事。主持人李咏和琳琳都想得到王绣的这幅画，琳琳甚至套近乎说自己的小名就叫牡丹。王绣犯了难，说这幅画已答应给了这场晚会的导演繁华先生，并说以后有机会再画。琳琳抓住了王绣这话，竟让全场的观众作证，可见她对王绣画的喜爱之深。繁华导演上台接过话筒说："我非常激动，再说话已语无伦次了……"

王绣在中央电视台节目录制现场

　　我想，王绣的牡丹画这样受人喜欢，是与她五十多年来孜孜不倦地攀登和丰厚的艺术底蕴分不开的。我为老同学感到骄傲！我对老同学也没客气，以我女儿的名义向王绣要了一幅牡丹扇面。

　　与王绣告别时，仰视崭新的洛阳博物馆，想到馆里那些熠熠生辉的稀世珍宝时，我仿佛看到了一个女汉子屹立其中，她事业的丰碑让我敬畏！

　　王绣，的确是河洛的好女儿，她的写意牡丹画风影响着洛阳乃至全国的牡丹画家。王绣就是牡丹，牡丹就是王绣，愿她永远绚丽地绽放！

（魏鸿蕴）

"王绣现象"

　　洛阳画牡丹者，王绣名气最大；全国画牡丹者，以人数论洛阳最多。在 2008 年第二十六届中国洛阳牡丹文化节上就出现了千人千米画牡丹的宏大场面。作品之长、参画人数之多创下了世界吉尼斯纪录。

　　洛阳为什么有那么多人画牡丹呢？一是洛阳有牡丹花都的美誉，人人爱牡丹，落笔丹青的人自然多。二是洛阳注重对画牡丹群体的培养，这一点王绣居功至伟。

　　王绣的牡丹画是从洛阳起步的，千年帝都的丰厚底蕴涵养了她文化的品格，姹紫嫣红的牡丹熔铸了她多彩的画魂。李岚清副总理曾为她题词"牡丹皇后"，但她从不让别人叫，觉得这称谓有高处不胜寒之感。面对自己花团锦簇般的荣誉，她时常想的却是如何用画笔回报这片土地和这方人民。

　　王绣不是在艺术的阳春白雪中自我陶醉的画者，她希望更多的人和她一样在画牡丹中感受生活的美丽，希望中国的牡丹能把芳香色彩洒向世界。她常想，既然洛阳的牡丹

在平乐村指导农民作画

能走出宫廷，走入寻常百姓家，那么牡丹画自然也应该走出高雅的画室，成为洛阳人精神生活与文化生活的一部分。而让更多的人能画牡丹，画好牡丹，自己有责任、有义务搭建这个阶梯。

数十年来，王绣记不清放弃了多少个假日，多少次与家人团聚的夜晚，为牡丹画培训班而忙碌，无私地将自己的点滴体会通过毫尖水墨向学画者心中洇漫……

洛阳市有个字画一条街，几乎家家画牡丹、卖牡丹画。每当王绣来到这条街上，各业主都蜂拥而至地送上问候，这家要合影，那家要指点……说实在的，王绣记不清谁听过她的课，谁又是她的书中弟子，但一声声老师让她把"传道、授业、解惑"始终扛在肩上。盘点现在，曾跟她学过画的高少华、索铁生、张建京、吴非等人都已经成为洛阳的知名画家。

在她和洛阳市美术家协会的帮助扶持下，洛阳市孟津区平乐村成了全国有名的牡丹画村。全村二百多户人家、七百多人画牡丹，拿画笔的年龄跨度从八岁到八十岁。王绣编写的多部有关牡丹画技法的书，成了这些从业人员的良师益友。过去脸朝黄土背朝天的农民，从简单的临摹起步，在言传身教中开悟，渐渐的，画笔在他们粗糙的手中不再颤抖，一朵朵含笑的牡丹跃然纸上。

为激励这些农民兄弟，王绣不仅提供场地、资金，并为他们举办画展，提高他们的知名度。如今，这里的农民画牡丹已蔚成大观，一家一户的画坊孵化出"中国平乐农民牡丹画文化创意产业园"。产业园整体设计在空中看就像一朵绽放的牡丹花，十分漂亮，现已是西安美院国画系和河南花鸟艺委会的牡丹花写生基地。平乐镇因此被国家文化部、民政部命名为"文化艺术之乡"，中央首长及有关部门领导频频光顾。

有位画界人士说："中国有个王绣现象。"

2021 年 4 月在万人小手画牡丹活动现场

因为牡丹象征着吉祥富贵，所以国人画牡丹的越来越多，尤其是遍及各地的老年大学，凡学画者必画牡丹，而画牡丹的教材又尽出王绣之手。天津人民出版社出版王绣的《牡丹技法大全》，在短时间里就再版了十一次，而河南人民出版社出版王绣的《中原牡丹画风》，一次就被盗版五千册，这一正一反都说明了需求是多么强烈！

在第二十六届中国洛阳牡丹文化节期间，笔者就真切目睹了这一"王绣现象"。

第一天，广西柳州老年大学的学员随旅行团来洛阳赏花圆梦。而这"梦"就是要见见他们心中仰慕的牡丹皇后——王绣。在王绣的画室里，粉丝们亢奋、激动，有的从包里拿出王绣的画册，请其签名留念；有的展开自己的习作，请王绣指点；还有的只为和王绣合个影，这梦圆得才叫美！

第二天，湖南株洲三十多人的粉丝团来了，当他们见到心中的偶像，竟像孩子般地欢呼雀跃，带来的习作摆了一地：老师，请点拨一下吧……

第三天，从山西榆次来了两位王绣的粉丝，他们风尘仆仆远道而来，只为看老师一眼，还给老师带来了最朴实的家乡小米和陶罐工艺品。面对这些慕名者，王绣不管多忙总是给予热情接待，对他们的习作看得认真、评得仔细，并殷切叮嘱："千万不要以模仿我为最高目标，有个性的画才有最鲜活的生命。"

那几天还有不少外国客人来访，都和牡丹有关，让人真切感受到艺术翅膀的远翔力量。日本也是酷爱牡丹的民族，来自东京法正大学的十位客人，在2006年看过王绣在日本举办的牡丹画展后，对王绣非常崇拜，但当时很遗憾没有买到她的牡丹画册。面对这次专程拜见，王绣送给他们每人一本签名画册，了却了他们的心愿。而韩国客人则是拿着王绣在韩国多宝星美术馆举办画展时发的明信片，来个跨国追寻，皆为牡丹来。朝鲜在这一年还发行了王绣牡丹画小型张邮票。2013年在王绣画室笔者见到斯洛伐克大使及夫人，热情邀请王绣到该国举办牡丹画展，让甲天下的洛阳牡丹盛开在布拉迪斯拉发。

2013年中国洛阳牡丹文化节，在隋唐城遗址植物园举办的"万只小手画牡丹"活动中，年逾古稀的王绣作为总顾问在花海和人海中穿梭巡行，为未来的小画家们现场指导作画，和簇拥的小粉丝们合影拍照。看到她辛勤而快乐忙碌的身影，你会不由感慨她播撒的是美丽的种子，耕耘的是多彩的希望。

平日里密集的访客占用了她很多的时间，她无怨；花六万多元买了三千多本画册签名赠送，她无悔。王绣忙并快乐着，给予并享受着。她说："爱牡丹、画牡丹的人皆有一颗追求美的心灵，当人家满怀希望奔你而来，你绝不你能让人失望而归。在满足别人的同时使自己的心灵得到愉悦，何乐而不为呢！"这也应了王绣在《黑龙江女画家传》一书中写的一段文字："面对满园春色，盛开的牡丹，我用心去感悟，用心去碰撞，将心中的牡丹、眼中的牡丹、笔中的牡丹融入到爱和给予之中……"

（王冬严）

《神都天香》
39 厘米 × 39 厘米
纸本设色
2015 年

《紫韵》
33 厘米 × 33 厘米
纸本设色
2015 年

著名画家王绣：
牡丹定为国花是民心所向

"得知中国花卉协会推荐牡丹为国花，我很欣慰，很高兴，很激动，牡丹定为国花是民心所向，众望所归。"2019年7月17日，著名画家王绣在接受《洛阳晚报》记者采访时说道。

作为全国人大代表，王绣曾多次提交将牡丹确定为国花的建议。

2019年5月，国家林业和草原局组织生态司、中国花卉协会召开了"国花建议办理座谈会"，王绣应邀参加了座谈会，她在会上力主将牡丹定为国花。

多次提交将牡丹确定为国花的议案

2019年7月17日上午，记者在洛阳博物馆见到王绣时，她正在创作一幅牡丹画。一支毛笔、一碟颜料、一杯清水，王绣拿起毛笔，蘸色、蘸水，在宣纸上寥寥几笔，一朵红牡丹便跃然纸上。

王绣向记者展示了她在2019年第十三届全国人大二次会议上提交的《关于将牡丹确定为我国国花的建议》：

国运昌则花事兴。当前，我国经济繁荣、政治清明、社会稳定，确定国花正当时。牡丹是原产中国的世界名花……牡丹的发展史见证着中华民族的发展史。牡丹雍容典雅、高贵祥和的形象代表着人民对美好生活的向往，寓意国家繁荣富强，深受全国人民喜爱。目前，世界上还没有国家以牡丹为国花，牡丹作国花更彰显唯一性和独特性。确定牡丹为国花，既可以振奋民族精神，树立民族进取心和自豪感，也可以鼓舞人们投身于绿化祖国、建设青山绿水的事业之中。

建议：由国家花卉主管部门依据1994年评选结果明确牡丹为国花，或再次组织开展评选活动，提交全国人民代表大会确定，并以法律形式明确。

2018年3月，王绣在参加第十三届全国人大一次会议时，就提交了《关于尽快以法律形式将牡丹确定为我国国花的建议》："周恩来总理早在1959年就提出，牡丹是我国的国花，她雍容华贵，富丽堂皇，象征着富贵和吉祥。全国人大也于1994年开展了自下而上的全国评选国花活动，人大会议若能将全

在第十三届全国人民代表大会第四、五次会议纪念封上手绘白描图

参加全国人民代表大会

国人民盼望已久的国花确定下来，实为民心所向，众望所归。建议尽快将牡丹评定为我国唯一国花。"

"国花建议办理座谈会"上，王绣力推牡丹

2019年5月，国家林业和草原局组织生态司、中国花卉协会召开了"国花建议办理座谈会"，王绣应邀参加了座谈会，在会上力主将牡丹定为国花。

"2019年7月15日，中国花卉协会发布《征求牡丹为我国国花意见的通知》，推荐牡丹为我国国花，应该就是对座谈会的一个回应。"王绣说，这个通知让牡丹定为我国国花有了很大的希望。

2019年6月28日，王绣收到了国家林业和草原局对她提出的《关于将牡丹确定为我国国花的建议》的答复，显示了国花评选工作的进展。

答复部分内容如下：

国花是一个国家民族文化的重要组成部分，是国家文明的标志之一。如能及早明确国花，既有利于向世界展示中国悠久灿烂的花卉文化，也有利于突出中国的大国地位，展示中国的大国形象。

国家林业和草原局历来高度重视国花评选工作……2019年，我国隆重举办北京世园会，国家林业和草原局将以此为契机，按照有关程序积极推进国花评选工作，争取尽早确定我国国花。

画牡丹五十余年，她期待"牡丹国花梦"早日实现

提起王绣的牡丹画，喜欢书画的洛阳人无不竖起大拇指。王绣作为著名画家，画牡丹五十余年，她生于黑龙江省哈尔滨市，毕业于哈尔滨师范学院艺术系，1968年到洛阳工作，从此与牡丹朝夕相处。

王绣现任全国人大代表、洛阳市文联名誉主席、洛阳博物馆名誉馆长，是中国美术家协会会员、国家一级美术师。其美术作品多次作为国礼赠予外国元首，还曾被文化部选送至泰国国王行宫淡浮院陈列并收藏。她以传统水墨小写意笔法入手，结合油画、水粉和水彩画的色彩明暗技巧，对牡丹画创作进行了大胆创新，所画牡丹雍容华贵，开一派画风之先，使牡丹画进入一个新境界，在国际国内产生了深远影响。在洛阳师其技法画牡丹者逾万人，并形成了一个洛阳牡丹画文化产业，被学术界称为"王绣现象"。

"如果牡丹成为国花，我将创作更多牡丹画作品，为牡丹文化产业发展做出自己的努力。"王绣说，她期待着牡丹国花梦早日实现。

（余子愚）

台历上的一天

    我在王绣馆长身边工作已有十余年了。由于做的是服务性工作，所以每天早晨是馆长未来我先到，晚上是馆长走后我才走。要说了解馆长，我还是有发言权的。

    在我印象中，馆长就是一个字——忙！她退休之前忙，退休之后还是忙。她可能不会提早上班，但每天下班肯定是最晚的一个。找她的人，有领导，有同事，有企业家，有朋友，有粉丝，也有一些八竿子打不着的人。这些人中，有的是求她办事，有的是买画，有的是做公益，有的是托她帮助解决麻烦事，不一而足。除了这些事外，她还有自己的事，就是画画。她欠别人的画债太多。

    由于她的事太多，怕自己记不住，就把一天要办的事写在台历上。我随便翻开她 2013 年 7 月 20 日的一天记事，你们便可感知她的生活节奏，毋庸赘言。

方文正与王绣合影

2013 年 7 月 20 日 晴

准备由中国美术家协会主办、河南省美术家协会协办的"中原行"画展作品，六尺竖幅牡丹画。7 月底前邮寄河南省美术家协会，魏红有收。

解金峰、蒋芸等人到画室商议 8 月中泰艺术交流事项，确定中方代表团名单。

韩国金先生带领同事等拜访，并参观博物馆。

中国美术家协会会员网上注册登记会员信息。

送国画写意牡丹作品《洛阳春雨湿芳菲》一幅到洛阳书画院参加花鸟画展，展出时间 8 月 1 ~ 10 日。

朋友预定四尺牡丹一幅，7 月 25 日左右来取画。

整理老博物馆办公室遗留文件、物品，搬新馆办公室。

中午，与文物局局长、谢馆长等吃工作餐，谈近期安排。

通知张建京、吴非、李春兰等人 7 月底到驻洛部队参加八一慰问。

女子画院展出四尺《紫韵娇艳》作品一幅已送回。

谢馆长带朋友拿六尺牡丹画作两幅。

通知书协黄越祖把题写的"墨彩情缘"字取走。

某领导秘书电话约稿为"北京旅游"写一篇专访。10 月初，领导来洛博参观。

晚，为莲芝等人画好的牡丹画点评。

这就是馆长的一天，看过后你就会知道她真的是忙得不可开交吧！

（方文正）

馆长的泪水

王绣老师是一位特别了不起的女性。

我永远忘不了她为将文物精品留在洛阳博物馆，连夜奔赴郑州与副省长据理力争的坚持和努力。

她身上有非常多令人敬佩的品质，不管过去多久，勇敢、不追浮名、对文博事业奉献和爱，都是令我印象最深刻的。

洛阳博物馆作为十三朝古都重要的文化名片，馆藏文物两万余件，而在二楼珍宝馆陈列的二十余件文物珍品，是从两万余件文物中遴选出的精华之中的精华。

自洛阳博物馆新馆建成开放以来，珍宝馆成为了海内外游客到馆的必刷点，个中藏品也常作为洛阳的代表性文物，被各类媒体关注，如曹魏白玉杯、北魏泥塑佛面像、唐代三彩黑釉马……

可鲜为人知的是，当年若不是王绣馆长全力周旋，这些洛阳的闪亮名片就会离开故土，成为他属。

1998年，河南博物院新馆建成，面向全省文博系统调拨文物，其中拟调洛阳文物有夏代乳钉纹铜爵、曹魏三体石经、白玉杯、黑釉马、三彩灯、石辟邪等三四百件，几乎涵盖当时洛阳博物馆所有精品文物。

当时，省委、省政府高度重视河南博物院新馆建设，文物调拨是其中重要一环，因此也成为了一项重要的政治任务，从省里到市里，压力层层传导，调拨态度非常坚决。

文物藏品是博物馆的血脉。

可调拨单上的文物几乎囊括洛阳文物的精华，一旦离开洛阳，将对洛阳文博事业造成巨大影响。

文物是历史的载体，古都需要珍宝映照。

面对"危机"，作为洛阳博物馆馆长的王绣心如刀绞，彻夜难眠。对洛阳博物馆的感情，对件件藏品的珍爱已经融入她的心髓。

文物调拨是政治任务，关系到个人前途，然而王绣早已将个人进退置之度外。

让她难眠的是如何让洛阳博物馆度过这场"危机"。

"反正我是不会给的，我要与文物共存亡，大不了我不当这馆长了。你们不用出面，我就赖着不给，不连累领导。"王绣面对洛阳主管副市长，直截了当摆明了自己的态度。

大家紧急商量对策，最终提议，由王绣出面去省里找主管文物的副省长。

当天晚上，王绣就带着两个副馆长，准备了三幅画，连夜开车去了郑州。

见到副省长后，王绣很诚恳地说："洛阳是个历史文化名城，也是一个正在大举开放、快速发展的城市，当时正在筹建新馆。从1974年洛阳博物馆展览楼建成到现在，我在洛阳接待了无数重要的国家元首、国内外名人和学者。现在为了建省馆，就要将代表洛阳十三朝古都、几千年历史的重要文物全部调走，以后到了洛阳还看什么啊？洛阳五千年的历史怎么体现啊？"

说着说着，王绣激动地哭起来，哭得很痛，因为，这是她最真实的情感。

她边哭边接着说："我在这个博物馆工作了三十多年，每一件文物，每一段历史，都非常有感情。如果这次，代表洛阳历史的文物精华从我手里全部被调走，那我就是洛阳的罪人，是洛阳文博考古界的重大损失。再说，文物都没有了，洛阳博物馆也就没有存在的必要了，我还当这个馆长干啥。所以，我宁愿不当馆长，也决不能把这些文物交出来！"

王绣擦了擦眼泪，郑重其辞地恳请道："省长，我希望你能主持个公道。河南博物院自身馆藏那么多的文物根本展不过来，难道要把这些洛阳文物都要过来封存在库房里面？该给的、能给的文物，我们都已经调来三百多件了。剩下这的文物是我们的镇馆之宝，坚决不能再给了。您说说，郑州、洛阳，都是河南省的孩子，手心手背都是肉。难道为了郑州建新馆就不要洛阳这个孩子了？我相信领导不会这样做！我年龄大了，今天说得深了浅了，请你们原谅。但是，这事你要不为我们做主，我现在就向你辞职，我不配当这个馆长！"

耐心地听完王绣的汇报，副省长许久没有吭声，最后意味深长地说："你刚才说的这番话，让我很感动。文物真正物尽所用，您仗义执言这种精神，是值得鼓励和表扬的。明天，在大会上，我要把你这件事说一说。洛阳的文物不要再调了。"听到副省长这句话，王绣眼泪顿时止不住又哗哗流了下来。

告辞时，王绣要把带来的画留给副省长，而副省长坚决不要，说："什么东西也不能要，你今天带什么也不应该，不能拿。"面对难得的好省长，王绣忍不住又一次落泪了！

在河南博物院开馆日那天，主管副省长讲话时，特意讲到了王绣这位老文博工作者的坚守与执着，讲到她对文物的一片深情。他说："洛阳博物馆的文物

与洛阳博物馆馆长李文初合影

不要再调了，不可太夺人之爱。"会后，省文物局长见到王绣笑着说："'老坏蛋'和你握握手（当时省里要求洛阳上交文物时，王绣称局长为'老坏蛋'），大姐啊，我服了，你让我很受教育，也很感动啊。"

后来在参观展品时，王绣又发现了问题。她看到有不少展台空着，上面竖着标牌上写"洛阳待调文物"。一下子，她的火又蹿了上来，立马冲过去找到省文物局长，几乎是质问他："省领导说洛阳文物不调，难道省博还想以后继续调不成？那些标牌不撤，我中午就不吃饭以示抗议，也不离开你这办公室！"在她的强烈坚持下，工作人员终于在午饭前将"洛阳待调文物"的标牌全部撤下。

文物藏品是博物馆的生命线，洛阳博物馆之所以能够在业内外得到专家学者、海内外游客的认可，与洛阳博物馆丰富的馆藏、精美的文物密不可分。正是因为有王绣这样的文博工作者满怀热情，勤奋耕耘，抛洒汗水和泪水，将自己的青春奉献给了洛阳文博事业，为洛阳，特别是洛阳博物馆发掘保护了一大批宝贵的文物财富。

正如艾青的那句诗：
为什么我的眼中常含泪水
因为我对这片土地爱得深沉……

（李文初）

阅尽春色绘天香

——读王绣牡丹画有感

"当春天地争奢华，洛阳园苑尤纷挐。"提起古都洛阳，人们常常会想到龙门石窟中的卢舍那大佛，宏伟庄严中透出无限柔美；也会想到那享誉天下的牡丹，国色天香中含着万般娇艳。"洛阳地脉花最宜，牡丹尤为天下奇。"历史文化积淀丰厚的洛阳，不仅孕育出甲天下的牡丹，而且滋养着优秀的画家。王绣，不仅以她的画作让"洛阳纸贵"，更形成了值得探索的"王绣现象"。

细品王绣的画，我们却不难发现，在作为富贵典雅的象征之外，王绣的画仍然有自身独特的魅力。王绣的牡丹画作之所以能吸引人，源自于多年勤奋的写生和对牡丹深入细微的观察。从20世纪60年代来到洛阳之后，毕业于哈尔滨师范学院艺术系的王绣就与洛阳牡丹结下了不解之缘。多年对牡丹的写生、观察和揣摩，练就了扎实的基本功。在她的工笔画《素芳馨香》的描绘中，我们可以看出她对牡丹花结构的研究。在其中，不仅仅体现出她在花卉结构表现中的科学性，同时又具有舒雅温润的意境，于淡雅中透出高贵的气质，勾勒出这一国花的花魂。她的工笔牡丹在继承传统工笔技法的基础上又有自己

的突破。在《绿宝》中，她在刻画工整写实的主柱后面采用了泼色的技法来表现背景中远处的次柱，使画面的空间感更加丰富，也具有了时代的特征。

对传统技法的研究和继承，也表现在她对墨色的牡丹花卉画中运用的出神入化。《粉紫含金》就是她墨色牡丹作品的杰出之作。在这里，我们看到墨与色的绝妙融合，花叶的墨色处理微妙透明，表现痛快淋漓。李可染先生所说的"可贵者胆"在这里得到充分的体现。据说当年李可染先生到洛阳写生，王绣曾接待陪同。从这一作品可以看出，她应该是曾经近观过先生作画，并悟得先生教诲的真谛。古人有云：墨分五色。在墨色的运用上，王绣的《富贵花将墨写神》正是这一理论的印证。整个画面几乎接近单色画，但水墨的表现却传达出饱满生动的主题，墨色成为整个画面的主色调，只有花色中略施青黛、花蕊点缀淡黄，用色以少胜多，令人产生丰富的层次感和想象力。色彩流动在花瓣之间，留白产生的高光中似有水气弥漫，如果没有对花瓣结构的深刻理解，很难达到如此随心所欲之境界。色不在多，而在精巧，这也是

《墨韵》
65 厘米 × 33 厘米
纸本设色
2016 年

王绣作品的特点。《倾国姿容别开多》将色与墨浑然一体挥洒于画面，水墨交融渗化微妙，花蕊从花瓣中跳出点点嫩黄，整幅画面仅此一处用色，有点睛之妙。

作为一个女性画家，王绣的牡丹画具有女性特有的细腻、敏锐和浪漫气息，表达出作者对自然造化的敬畏与欣悦。即使在小小的扇面画中，她也以饱满的构图表现出春光洋溢的欢快情感。

牡丹，在王绣的画面中已经突破了植物学的范畴，成为赋予人的悲喜和心灵体验的载体，也成为她寄予对生命、对人生，以及对洛阳丰富情感的象征。她的生命与洛阳紧密相连，她的大半生都献给了这座古城的文博事业，而她的艺术也如牡丹花一般成为洛阳的文化名片。就如她自己所说，她与牡丹共同经历了人生风雨，也一起阅尽了人间春色。她的艺术就是她生命的写照，蕴含着她对人生与自然的领悟。

水墨含晖溢河洛，阅尽春色绘天香。

（李建群）

绣笔天香
——记画家王绣先生

未识先生面，早闻先生名。

先生之名，与牡丹同辉。唐人诗云："竞夸天下无双艳，独占人间第一香。"此"香魁"之由也，"花王"之滥觞。因"木芍药"之名，疑《诗经》"芍药之赠"为吟咏之始。自此以降，历代文人墨客多有情钟，佳句华章，俯拾皆是。所憾丹青妙手专注于此者寥寥，虽前有杨子华之珠玉，后有王雪涛之英华，终究博而不专，未成大观。以至于国色天香之美，在诗词而非画卷。

有感于此，先生经年踞坐花丛，着意写生。速描花萼之态，细察苞蕾之变，临摹遒枝之姿，寒暑易节，不觉其苦，始有成焉。

洛阳牡丹自古有甲天下之誉，唐处士徐凝以"洛川神女"作比，其态可破朝霞。宋宰相欧阳修持"地脉花宜"之论，使洛阳终成牡丹之乡。至现代，兴牡丹花会，四海入洛观花者纷至沓来，迢遥塞途。名园曰王城者，东百余步，乃洛博旧馆。有客信步至，偶见其间正陈画展。画中牡丹雍容典雅、富丽堂皇、刚劲脱俗、飘摇兮若神女御风，顾盼兮似仙子凌波，皆右钤先生之印。客激赏之，以重金购去。消息传于洛中，先生之名显矣。

自先生首开新牡丹画派始，洛城以此谋生者，何止千百计。经年累月，竟成特色产业。更有甚者，临摹宿构，揣度笔意，盗先生之名以欺世。先生怜其困窘，虽叹亦不咎之。洛郊有平乐古镇，其民尚画，农闲之余，执笔以求油盐之资。先生闻之，多次前往授课。其时正值苦夏，厅堂拥塞，观者如堵，先生立于长案之侧，且画且讲，虽汗下衣襟，而面无怨急之色，观者无不称善。忽一日，有陕西二女客至，欲投门下，习绘牡丹之法。先生自知公务繁忙，无暇收徒，又不忍直言伤之，遂展卷挥毫，倾囊相示。之后，又良言劝返，传为佳话。

先生以画横绝洛阳，又以懿德众口所传。在馆长位，宵衣旰食，奔波劳苦，护文物、争地权、募巨款，改造博物馆陈展条件，兴建文物保护修复综合楼，筹建职工家属楼，兢兢业业，屡开洛博工作新局。

郊县某公藏有珍品古物若干，思忖文物归宿，终是国家，遂决意捐赠。馆内收藏经费微薄，不足支应。捐赠当日，先生以新作六尺大画答谢。某公曰，虽失文物，却得一宝，幸哉。

本书编委会合影

　　多年前，港商李总莅洛，得知洛博大兴建设，资金短缺，捐赠百万以助，先生遂作绿牡丹图谢之。此后，但有捐赠洛博者，先生均不辞辛苦，为之作画。二十余载，所赠之数，不知几何。

　　先生生性宽厚。尝有同僚为母求医，医索之以先生画作。翌日谋面，同僚有难色，先生讶问，同僚据实以告。先生曰，所绘者，图也，所救者，命也，以图换命，宜乎从速。遂赠画。

　　洛阳文物之盛，亦名扬于世，多有海外邀请展出者。初无先例，有司逡巡不

与张建京、王小朋合影（背景作品
为王小朋填词、张建京书写）

决。先生慨然签下文书，自此开洛博国际交流之先河。外展之时，先生所赠友人之画引起轰动。归来不久，日本发函相邀，请先生出国开办画展。先生之画，由是成友谊之纽带，沟通之桥梁。而今洛阳与日本冈山、韩国扶余、法国图尔、俄罗斯陶里亚蒂先后缔结友好城市，先生开拓之功，不可没矣。

戊子年丁巳，地动于汶川。西南哀鸿，举国震动。时有儒商求画者，付润格二十万。先生尽捐于抗灾，又号召美协同仁，募得善款三十万元。十数年来，玉树抗灾、新冠抗疫、郑州抗洪，先生慨然行于前，捐款捐画，堪称楷模。

先生热心公益，积善成德，每遇求助，必然相帮。曾为某中学建设捐出五十万元，又在洛阳大学（后更名"洛阳理工学院"）设"王绣奖学金"，还曾长期资助贫困学童。画界活动，她也多次慷慨解囊，解忧纾困。离任馆长后，先生亦忙碌如前。为提携新人，奖掖后学，奔波于画坛学界。每有同仁画展相邀，她必到场勉励，不避僻远，不辞辛劳。功德光芒，如暗夜明星，虽隔千里亦夺人心魄。

牡丹古来便称"国花"，然苦无立法确认。洛阳为牡丹之乡，理应担当推动之责。放眼天下，旧时虽有梅兰之爱，毕竟小众。如今四海升平，国强民富，牡丹雍容典雅之气度，正与盛世契合。先生负七百二十万人期望，以全国人大代表之身份，为之奔走呼吁，连年递交国花提案，虽未达成，但已使牡丹文化广为流传，"国花"动议获得越来越多的赞同。我作为洛阳市牡丹文化研究会新任会长，对先生敬土爱花之心，尤为钦敬感佩。

王绣工作室

如果说洛阳这个城市造就了先生，那先生也在造就这个城市的气度。

先生已年近八旬，鬓染雪霜，与我等闲谈之余，还在支应社会事务，构思画作，招呼茶点，一派忙碌景象。谈及旧事，温文尔雅，如邻家翁媪，无半点架子，使人如坐春风。

所谓明德尚艺、德艺双馨，大约便是如此吧。

（王小朋）

春色岂知心

也许我本来就是河洛的女儿，该回家时，就带着北国的风尘回来了。于是，与河洛厚厚的文化积淀，与这地脉最宜而又最奇的牡丹结下了不解之缘。

20个世纪80年代初期，那是个百废待兴的年代，是天赐良缘，我有幸家居王城公园，可以朝夕与牡丹相伴，牡丹成为我心灵的知己。从含苞待放到遍地凋零，足以让我在阴晴雨晦中尽情与之对语、揣摩、感悟。每一年，我都与牡丹在一起，好像匆匆地度过了高贵而完美的一生。就这样几生几死，几死几生，我似乎悟到了牡丹的真谛与人生的真谛。

一日，明月高悬，万籁俱寂，我徜徉在牡丹园中，只有在同牡丹低语时，内心才会感到远离尘世的宁静、安详与满足。皎洁的月光洒落在我最喜爱的"夜光白"——白牡丹上，纯净、无瑕、剔透，有如白玉般的花瓣，那完美绽放的姿态，真是天之造化，鬼斧神工，宛若天女下凡，给人间带来了无上清凉的境界。我恣意享受着，只感到心灵受到了一次净化、洗礼，这正是牡丹给予世间的默默奉献。

又一日，霞光万道，紫气东来，和煦的春风里，怒放的魏紫——红牡丹，吸吮着天地之气，蕴育着河洛文明厚土的精髓，不卑不亢，傲然挺立，悄然昭示着世间。我感到高贵的姿态、高贵的花魂，是圆满的高贵，高贵在撞击着心扉。古往今来，人们都将牡丹谓为富贵，仅一字之差，便可道出人们内心的索求。在"文革"阴郁的日子里，是牡丹高贵的花魂伴着我那颗受伤的心。它是我生命的伴侣与精神的依托。此时，在我心灵深处的魏紫的高贵与华夏河洛文明的高贵深深扎根。牡丹在悄然昭示生命的价值和生存的品位。

再一日，阴云密布，狂风大作，天公无情，暴雨将至。我心头一紧，冲出门外，多想张开擎天的臂膀，护佑这弱小的生灵，可只恨自己的能力与花一样弱小，也只有在暴风雨中与之同甘共苦，一同接受天公的蹂躏、考验与恩赐。花在雨中宁折不弯，大雨在洗净了空气中的尘垢后，姚黄与赵粉真是黄得愈鲜，粉得更艳。当天空绽开笑脸时，我环顾园中，千朵万朵突然一同开放，千姿百态，仪态万方。啊，阴霾怎能遮住太阳，乌云岂能障蔽蓝天。暴风雨后，牡丹更灿烂，世界更光明，也愿我的心像蓝天一样一览无余，以光明的心性面对人生。

　　还一日，遍地凋零，魏紫谢了，夜光白凋了，豆绿老了，赵粉枯了，姚黄不见了，洛阳红也风烛残年了。现代大文豪郭沫若谓："只觉得败了风光，令人惆怅。"古今的文人骚客也只是发出一丝感叹而已。伫立在落英缤纷之中，引发我思绪的律动，牡丹匆匆地来，匆匆地走，给予便是它重要的职责。它给予世间最完美的享受，誉为国色天香；它给予人们高品位的精神愉悦；它给予我深层次的启迪；给予善；给予和谐；给予高贵；给予纯净；给予圆满；给予希冀。这种给予，不是我们的生命最最需要的高尚品质吗？！

　　面对着满园的春色，盛开的牡丹，我用心去感悟，用心去碰撞，将心中的牡丹、眼中的牡丹、手中的牡丹融入到爱与给予之中……

（王绣）

王绣老师八十岁生日合影

藝術年表

艺术年表
ART CHRONOLOGY

1942 年

·5 月 24 日 出生于黑龙江省哈尔滨市一个知识分子家庭。

1950 年

9 月·入学哈尔滨市花园小学。

1956 年

·就读于哈尔滨市第十七中学。

1959 年

·就读于哈尔滨市第三中学（现哈尔滨市第十三中学）。

1962 年

·考入哈尔滨师范学院艺术系（现哈尔滨师范大学艺术学院美术专业），师从中国花鸟画家王道中先生，学习传统工笔画，接受正规的美术基础训练，素描、水彩、中国画，接触苏联油画。

1964 年

·参与"黑龙江省阶级斗争展览"绘画工作。

1968 年

1 月·与才文渤结婚。

8 月·毕业分配到洛阳市文化局龙门石窟保管所，做图书资料员、播音员。

9 月·借调至洛阳市图书馆，参与"红太阳展览"创作工作。

10 月·在洛阳王城公园参加雕塑《收租院》展览工作，独立创作了七尊人物形象。

1969 年

4 月·抽调入展览工作组，参加"洛阳市工业成果展"绘画工作。在王城公园第一次见到盛开的牡丹花，与牡丹结下不解之缘。

·借调到市委宣传部，在机关、会堂、街头等处绘制大幅油画《毛主席去安源》。

6 月·长子才予出生。

1970 年

10 月·前往北京中国美术馆，参观全国美术作品展。

1971 年

·调入洛阳博物馆工作，任美工。

4 月·次子才志出生。

·参与隋唐东都含嘉仓遗址的发掘，现场绘图、文物写生。

1972 年

2 月·在中州路西工段，参与战国车马坑绘图工作。

4 月·参与白马寺重塑观世音菩萨像和修复四大天王像的工作。

1973 年

·设计新建的洛阳博物馆前厅地面牡丹图案。

1974 年

5 月·博物馆陈列大楼正式开放，共展出 1949 年后出土的新石器时代到宋代文物两千一百多件。参与陈列设计绘图工作。

1976 年

6 月·参与发掘西汉卜千秋壁画墓临摹壁画工作，历时两个月。

1978 年

10 月·参与新莽时期壁画墓和白马寺西墙外元代第一代住持龙川和尚墓发掘工作，现场临摹绘画。

1979 年

5 月·洛阳博物馆举办"馆藏古代字画展"，参与策划布展工作。

1980 年

10 月·在王城公园举办"洛阳古墓壁画艺术展览"，展出多幅摹绘的汉代壁画。

12 月·参与编辑的《洛阳唐三彩》由文物出版社出版。

1981 年

9 月·在发掘现场临摹东汉晚期墓葬壁画。

1982 年

9 月·负责主办"明清宫廷艺术珍品展览"，展出北京故宫慈宁宫大佛堂内的佛像、供器、书画、家具共一百一十五件。

·洛阳市美术家协会成立，任第一届副主席。

10 月·任洛阳博物馆陈列部主任。

1983 年

10 月·主持与南方各馆进行馆际交流，先后在广东民间工艺博物馆和佛山市博物馆等处举办"洛阳唐三彩展览",共展出唐三彩珍品一百余件。

1984 年

10 月·任洛阳博物馆副馆长。

1985 年

4 月·在洛阳博物馆举办首次个人牡丹画展,展出作品五十余幅。

7 月·参与主编的《洛阳唐三彩》由河南美术出版社出版。

8 月·为庆祝中泰建交十周年,泰国下院议长一行到洛阳博物馆参观访问。参与接待工作。

1986 年

4 月·主持策划主办"康熙母后宫廷生活珍宝展"在广东开平市华侨博物馆展出。其后又在福建、江西、海南、湖南、浙江、广西等八省巡回展出,历时八年。

8 月·主笔摹绘的《洛阳汉代彩画》由河南美术出版社出版,苏健撰文。

·在新加坡举办"王绣牡丹画展",作品被新加坡博物馆收藏。

1987 年

8 月·国务委员谷牧视察洛阳博物馆,陪同接待。

9 月·主持"中国古代钱币展览"。

10 月·作品作为洛阳市政府赠予冈山市政府的友好礼物,被日本冈山市政府收藏,至今陈列在冈山市政府大厅。

1988 年

10 月·国家文物局局长张德勤一行考察洛阳博物馆,支持建设资金三十万元。参与接待工作。

12 月·与南阳市博物馆、三门峡市博物馆联合举办"南阳出土陶狗展"及"三门峡明代陶俑展"。

·筹资三百万元,建成豫西最大的文物库房。

1989 年

3 月·应日本政府邀请,洛阳博物馆与辽宁省博物馆、日本泛亚文化株式会社举办"大三彩"展,分别在日本东京世田谷美术馆、神户市立博物馆、熊本县立美术馆、冈山市立美术馆、名古屋市立美术馆等处展出,历时半年,并出版图录《大三彩》。

7 月·与海口市博物馆签订友好博物馆协议书,先后在该馆举办"宫廷文物展""洛阳唐三彩展"。

·牡丹画作品被日本熊本县美术馆收藏。

1990 年

4 月·在洛阳博物馆举办"王绣牡丹画专题展"。

10 月·任洛阳博物馆馆长。

1991 年

6 月·庆祝中国共产党建党七十周年,参加河南省美术作品展。

10 月·向国家文物局申请拨专款三十万元,筹集资金一百五十四万元,兴建文物精品展览楼和文物保护修复综合楼。

1992 年

4 月·牡丹画作品被中国文化部选送泰国王宫淡浮院收藏,现陈列在淡浮院陈列厅。

·牡丹画作品入选全国首届中国花鸟画大展,并编入《中国花鸟画集》。

·应日本福岛县须贺川市立博物馆邀请,在福岛举办"王绣牡丹画展"。

·当选洛阳市第四届美术家协会主席。

10 月·邀请并接待中国文物鉴定委员会专家十四人,对馆藏一级文物进行确认。

12 月·被市政府授予"洛阳市劳动模范"称号。

1993 年

3 月·洛阳和香港直航班机开通,作品被香港兆峰集团收藏,李兆峰先生为洛阳博物馆建设捐赠一百万元。

4 月·"洛阳文物精华展"正式开放,展出文物四百多件,被评为"全国十大精品文物展"。

·菲律宾国会议长德·维尼西亚及夫人参观洛阳博物馆，参与接待。

·原国家主席杨尚昆一行六十人视察洛阳博物馆，并题词"河洛文化，国之瑰宝"，参与接待。

·通过中国书法家协会邀请鉴定专家徐邦达、刘九庵等，鉴定馆藏书画，并在洛阳博物馆主办"中国书协首届刻字展"。

6 月·国务院副总理李岚清一行四十人视察洛阳博物馆，负责接待。

7 月·日本须贺川市市长高木博一行十五人来洛阳博物馆参观，并题词"温故知新"。负责接待。

·印度总理拉奥一行参观洛阳博物馆，负责接待。

·牡丹画作品《国色朝酣酒、天香夜染衣》荣获河南省第八届美术展一等奖，并入选全国第八届美术作品展。

1994 年

4 月·菲律宾联盟银行董事长陈永栽一行参观洛阳博物馆，负责接待。陈董事长捐款十万元，支持洛阳博物馆建设。

8 月·随团出访法国图尔，出席文化交流活动，牡丹画作品被法国图尔市市长收藏。

9 月·国务院总理李鹏及夫人朱琳一行，在省领导及市长的陪同下来洛阳博物馆视察。负责接待。

10 月·著名书画家范曾来洛阳博物馆参观，并题词"民魂所在"。参与接待。

·国务委员李铁映视察洛阳博物馆，负责接待。

11 月·为钓鱼台国宾馆创作牡丹画作品《艳冠群芳》。

·中国驻法国大使蔡方柏带领外交部驻外使节参观团考察洛阳博物馆，并题词"洛阳古城，民族骄傲"。负责接待。

12 月·评为国家一级美术师。

·洛阳博物馆被评为"全国十大优秀地县级博物馆"。

·澳门立法委员会委员何厚铧先生一行来馆参观，负责接待。何先生为洛阳博物馆建设捐款十万元。

1995 年

1 月·筹措和主持"洛阳文物复仿制品精品展"，参加日本藤

原京建都一千三百周年交流活动。

·荣获"河南省优秀专家"称号。

·当选洛阳市文联副主席。

4 月·荣获国家文化部、国家人事部"全国文化系统先进工作者"称号。

·原国家主席刘少奇夫人王光美女士一行考察洛阳博物馆，负责接待。

5 月·"洛阳唐三彩仿制品展"在法国图尔市展出。

9 月·应邀参加在北京举办的第四次世界妇女大会。

年内

·筹建职工家属楼，基本解决了全馆职工的住房困难。

·写意牡丹画作分别被新加坡总理李光耀、副总理吴作栋收藏。

1996 年

1 月·在日本冈山举办个人牡丹画展。

·在台湾省台中市、彰化市，举办"王绣·郭孝民牡丹画展"。

2 月·国家科委主任宋健及夫人一行来馆考察，下拨六十万元专项资金改善洛阳博物馆的技防安全设施。负责接待。

4 月·全国工商联、洛阳市人民政府、洛阳市工商联在洛阳牡丹花会期间联合举办"全国牡丹精品画展"，担任画展组委会委员。

·郑文瀚将军捐赠古代名家书画作品七十余件，回赠牡丹画作品，以表谢意。

6 月·日本平山郁夫先生到洛阳博物馆参观写生，负责接待。

·应日本须贺川市日中友好协会邀请，随中国洛阳市友好访日代表团出访日本。

·由国家文化部中国展览交流中心和河南省花鸟协会举办"当代著名花鸟画家作品展"，负责承办工作。

8 月·韩国扶余郡郡守俞炳敦来馆参观，参观邙山古墓群。负责接待。

年内

·经多次磋商，促成韩国扶余郡举办"洛阳文物名品展"。这是洛阳博物馆第一次单独组织的馆藏文物巡回展，巡展五城市，

历时半年。

1997 年

·参加中国文化交流中心在美国丹佛举办的"中国古代皇陵展",担任随展组长,并在美国丹佛自然博物馆举办个人小型牡丹画展。

·牡丹画作品《姚黄传粉》入选全国第二届花鸟画展。

4 月·洛阳与韩国扶余郡友好合作交流项目签字仪式在洛阳博物馆举行。

·日本冈山市议长花冈熏赠送给洛阳市"桃太郎"铜像,在博物馆举行揭幕式。

·日本须贺川市市长相乐新平一行来馆参观访问,负责接待。

·全国人大常委会副委员长王丙乾一行考察洛阳博物馆,负责接待。

5 月·韩国国立中央博物馆馆长郑良谟一行来馆参观,负责接待。

6 月·全国人大常委会委员长乔石和夫人一行来馆考察,并题词"博收珍藏,物华天宝"。负责接待。

10 月·日本驻华大使佐藤嘉业及夫人一行八人来馆参观,题词"人类文物应该得到尊重,日中文物应得到促进"。负责接待。

1998 年

5 月·文化部部长孙家正来洛阳博物馆视察,负责接待。

10 月·"洛阳文物名品展"在韩国国立扶余博物馆开幕,韩国总理金钟泌参观展览。

·捐款十万元,在洛阳理工学院设王绣奖学金,为特困生就学提供帮助。

1999 年

3 月·被评为 1998 年度洛阳市"双文明建设百星人物"。

·时任中央政治局常委、中华人民共和国副主席胡锦涛来馆视察,负责接待。

10 月·主编的《洛阳博物馆建馆 40 周年论文集》由科学出版社出版。

·主持"永恒的文明——洛阳文物精品陈列展",展出文物一千零一十六件。

11 月·完成"永恒的文明—洛阳文物精品陈列"展览的申报和参评工作,获得国家文物局"1999 年度全国十大陈列展览精品奖"。

年内

·牡丹画作品参加中国文联、文化部举办的"当代全国牡丹艺术大展",并被收藏。

2000 年

1 月·国家文物局局长张文彬一行来洛阳博物馆视察,并题词"国之瑰宝"。

3 月·被市妇联评为"巾帼建功"标兵,授予"三八红旗手"称号。

·被河南省人事厅、文化厅评为"全省文化系统先进工作者"。

·洛阳博物馆被河南省人事厅、文化厅评为"全省文化系统先进集体"。

9 月·美国纽约大都会艺术博物馆馆长一行考察洛阳博物馆,并就洛阳精品文物去美国纽约展出一事,进行了磋商。

2001 年

1 月·洛阳博物馆被洛阳市政府授予"市级文明单位"。

·当选第四届河南省美术家协会副主席。

4 月·洛阳博物馆被国家旅游局授予国家 AAA 级景区。

·原军委副主席张震一行三十人来馆考察,负责接待。

6 月·原台湾地区监察机构负责人郝柏村一行二十七人参观洛阳博物馆,并题词"十三朝古都文化灿烂,祖先之光,后世子孙,永记勿忘"。

7 月·《王绣绘画精品——牡丹雅韵》由天津人民美术出版社出版。

8 月·主编的《洛阳文物精粹》由河南美术出版社出版。

10 月·当选中共河南省第七届党代会代表。

·牡丹画作品被香港特首董建华收藏。

2002 年

5 月·国画作品《绿宝》入选"纪念毛泽东同志《在延安文艺座谈会上的讲话》发表六十周年全国美术作品展"。

·连任洛阳市美术家协会第五届主席。

6 月·荣获国务院颁发的政府特殊津贴。

·《中国画风·王绣》由宁夏人民出版社出版。

10 月·牡丹画作品入选河南省首届中国画艺术展，并获荣誉奖。

2003 年

1 月·圆满完成"华夏文明之源文物展"在香港的展出。

4 月·美国拉克罗斯市代表团一行十五人参观洛阳博物馆，负责接待。

9 月·美国时代华纳集团侯斯特·科尼夫人一行参观洛阳博物馆，并捐款两万美元。负责接待。

11 月·赴韩国参加"百济金铜大香炉和古代东亚细亚"国际学术研讨会。

12 月·参加第六届中国美术家协会第六次全国代表大会。

年内

·率团赴日本冈山、奈良进行文化交流和书画艺术交流活动。

2004 年

3 月·出席在日本东京国立博物馆举办的"洛阳之梦——唐三彩展"。

5 月·向国家文物局申请八十万元专项经费，对洛阳博物馆有关设施进行维修、更换，改善馆内的通讯条件。

7 月·主持日本国奈良斑鸠町与中国洛阳友好纪念碑揭幕，洛阳市人大常委会主任刘典立、副市长郭丛斌及日本国奈良斑鸠町友好代表团团长一行出席了仪式。

10 月·举办"魅力洛阳——河洛地区文物考古成果精华展"。

·"走向盛唐"中国洛阳大型国宝珍品展在美国纽约大都会艺术博物馆展出，出席并致辞。

·美国亚特兰大艺术博物馆馆长邦妮·史必得一行十五人参观洛阳博物馆，题词："贵馆的展品陈列很漂亮，有创意，感谢能分享这些陈列品。"

年内

·牡丹画作品获河南省第十届美展一等奖。

·牡丹画作品获河南省第四届美术双年展优秀奖。

2005 年

1 月·以个人资金设立洛阳博物馆文博奖励基金，鼓励业务人员在各级刊物上发表文章。

3 月·"魅力洛阳——河洛地区文物考古成果精华展"获得河南省文物局颁发的"河南省优秀陈列展奖"。

4 月·洛阳市宜阳县建筑公司经理张文敏向博物馆捐赠新出土的北魏杨机墓文物一百一十八件（套），个人捐一幅八尺牡丹画答谢，并为该批捐献文物举办了"新获北魏文物展"。

6 月·馆藏部分文物参加赴日参加东京国立博物馆举办的"遣唐使展"，任随展小组领队。

8 月·主持完成了赴意大利"丝绸之路遗宝展"的展览工作。

·应韩国国立中央博物馆邀请，赴韩国首尔参加新馆开馆仪式。

12 月·主编的《魅力洛阳——河洛地区文物考古成果精华》由大象出版社出版。

年内

·应邀参加故宫博物院院庆八十周年书画展，作品被故宫博物院收藏。

2006 年

1 月·《王绣写意牡丹画法》由天津人民美术出版社出版。

3 月·主持的"洛阳寻梦——绚丽夺目唐三彩展"在陕西秦始皇兵马俑博物馆举办。

5 月·应邀赴澳大利亚新南威尔士艺术博物馆，参加"中国早期青铜器展"开幕式。

6 月·被国家文物局授予"全国文物保护先进个人"称号。

7 月·洛阳市政府决定正式启动洛阳博物馆新馆建设工程。同市领导及有关部门赴陕西、上海等地考察博物馆建设。

10 月·当选中共河南省第八届党代会代表。

2007 年

2 月·应日本奈良书友社邀请，须贺川市日中友好协会为后援，在东京椿山庄举办"中国牡丹巨匠王绣个展"，工笔牡丹作品《紫艳芳香》被须贺川市市政府收藏。

·受聘为第五届河南省美术家协会顾问。

9 月·中国国家博物馆馆长吕章申一行考察洛阳博物馆，并留言"藏品丰富，底蕴厚重"。参与接待。

10 月·为迎接北京奥运会为首都新机场创作巨幅牡丹画作品，陈列于贵宾楼元首厅。

·为纪念中韩建交十五周年，在韩国首尔多宝星美术馆举办"王绣牡丹画邀请展"。中国驻韩国大使宁赋魁参加开幕式并致辞。

11 月·在扶贫助困捐赠活动中，为宜阳县一贫困患儿捐助六千元。

·在河南省博物馆工作会议上，作《洛阳博物馆的外展之路》的发言。

·洛阳博物馆新馆奠基仪式在洛阳新区举行，新馆占地 300 亩，总投资 3.5 亿元，建筑面积 42270 平方米。

12 月·获国家文物局"中国文化遗产日宣传活动组织奖"。

年内

·开始进行《洛阳博物馆志》《洛阳博物馆建馆 50 周年纪念文集》的编纂工作，组织编写《洛阳博物馆 50 年》。

2008 年

1 月·当选河南省政协委员。

·与天津人民出版社合作，编写出版《牡丹画临习范本》。

3 月·洛阳博物馆被洛阳市文物局授予"2007 年度科研工作先进单位"称号。

·《写意牡丹教程》由河南美术出版社出版。

·在"千人千米绘牡丹献奥运"活动中任顾问。

5 月·《中国画拍卖杂志》刊登专题介绍。

·组织洛阳美协举行"团结起来、抗震救灾——洛阳知名画家作品特展义卖捐款"活动，为汶川灾区捐赠三十万元及六尺作品一幅。

·抗震救灾，交特殊党费一万元。

·在河南省文联捐款活动中捐款两万元。

12 月·与郭贵兴合著的《牡丹构图 100 例》由河南美术出版社出版。

年内

·为洛阳市第五十五中学建艺术楼捐款五十万元。

·作品《春来谁作韶华主》被日本须贺川市博物馆收藏。

2009 年

6 月·在中国 2009 年世界集邮展上，朝鲜民主主义人民共和国邮电部发行小型张《牡丹与菊花》，其中牡丹形象为王绣画作。

7 月·为洛阳机场贵宾厅创作丈二巨幅《国色天香》。

9 月·荣获中国妇联"全国三八红旗手"荣誉称号。

12 月·随中国美术家代表团一行八人赴欧洲访问，并在卢森堡举办书画展。中国美术家协会主席、中国驻卢森堡大使出席。

2010 年

10 月·随中国美术家代表团再次赴欧洲参加交流活动。

12 月·《国色丹青——王绣牡丹画精品集》由河南美术出版社出版。

2011 年

1 月·在洛阳博物馆退休，被市委组织部聘为终身名誉馆长。

·随中国美术家代表团赴以色列、土耳其、肯尼亚写生采风，并进行展览文化交流活动。

2012 年

4 月·随洛阳市政府农委赴荷兰参加世界花卉博览会，参加中国牡丹馆相关活动。

12 月·受聘为第六届洛阳市美术家协会名誉主席。

2013 年

1 月·当选第十二届全国人民代表大会代表。

3 月·出席洛阳市女美术家联谊会成立活动，并捐赠十五万元。

4 月·"王绣牡丹艺术馆"在洛阳博物馆二楼开馆，展出三十七幅牡丹画作品及六件牡丹青花瓷。

·组织洛阳美术家协会为四川雅安芦山灾区捐赠。

5 月·参加"闽行八方、大爱无疆"建学捐助基金大型义拍活动，捐赠善款八十八万余元。

8 月·赴泰国参加中泰艺术交流画展。

2014 年

4 月·参加"中国梦·翰墨情"海峡两岸书画交流展。

·受聘为本溪市韩家村农民文化艺术学校"名誉校长"。

·出版牡丹作品集《国香》。

·参加中日民间友好交流，与日本书友社联合在日举办书法绘画展览。

7 月·赴郑州参加河南省美术家协会主办的第十二届美展开幕式。

9 月·应邀到中国国家博物馆参加周彦生画展开幕式。

10 月·应德国波茨坦德中文化交流协会邀请，参加"河洛文化走进柏林"艺术展，展出代表作四幅。

·率团赴日参加中日友好协会文化交流活动。

2015 年

2 月·荣获洛阳市首届"德艺双馨文艺家"称号。

3 月·参加荣宝斋洛阳分店举办的"十分春色——当代书画名家画牡丹精品展"。

·受聘为洛阳师范学院客座教授。

5 月·受聘为哈密市书画院名誉院长。

·主持中日友好交流暨日本书友社与中方书法作品交流展。

·与霍宏伟合著的《洛阳两汉彩画》由文物出版社出版。

10 月·接待俄罗斯前美术家协会主席、当代世界艺术大师西多罗夫。

·受洛阳市政府和外事办对外友协委托，率洛阳市书画家代表团

一行十六人，赴日本冈山市和橿原市进行友好文化交流活动。

2016 年

3 月·在第十二届全国人民代表大会上，首次提出"尽快以法律形式确立牡丹为国花"的建议。

4 月·参加荣宝斋洛阳分店主办的"花间问道——王绣、赵准旺作品联展"。

10 月·应邀为中原银行设计牡丹风格银行卡卡面四张。

2018 年

1 月·当选第十三届全国人民代表大会代表。

4 月·应日本书友社会长邀请，赴日本参加文化交流活动。

5 月·接待著名演员唐国强一行，进行书画交流。

7 月·应邀出席在北京召开的中国女画家协会第二届一次常务理事会。

8 月·应邀参加黑龙江省女画家协会成立暨第一次会员代表大会，任顾问。

9 月·应邀参加上海"戊戌金秋、含英吐纳——中国女子书画会当代著名女画家作品邀请展"，被聘为顾问。陈佩秋为名誉院长。

11 月·应邀参加"北京·时代华彩——首届女美术家作品展暨纪念改革开放四十周年画展"，并展出精品牡丹作品。

·陈钰铭、王绣艺术教研中心在凤凰岭生态体育艺术文化公园揭牌。

12 月·受聘为洛阳市文学艺术界联合会第七届委员会名誉主席。

2019 年

1 月·参加 2019"艺爱无疆"名家书画爱心助残义卖活动，现场创作并捐赠作品。

·受聘为中国女画家协会顾问。

2 月·参加在东京国立博物馆举办的"颜真卿：超越王羲之的名笔"特展。

5 月·巨幅牡丹画作品被河南省政协收藏陈列。

·参加平乐牡丹产业园区农民牡丹画培训活动。

6 月·应邀出席在东京美术馆举办的日本国际水墨艺术展，并展出牡丹画作品。

7月·应邀参加庆祝中华人民共和国成立七十周年暨河南省优秀美术作品展——第十三届河南省美术作品展。

8月·作为总顾问，应邀参加"金葵花"杯 2019 牡丹绘画艺术作品大赛颁奖典礼。

·应邀参加韩国扶余郡国际艺术节暨中韩艺术交流书画展。

9月·应邀参加庆祝中华人民共和国成立七十周年首届黑龙江省女美术家作品展。

11月·参加河南省残疾人福利基金会举办的"集善助残、出彩河南——河南省美术界助残扶贫创作笔会"，现场创作捐赠作品一幅。

·应邀参加在汕头举行的"大河之南——2019 中原书画名家作品邀请展"。

12月·参加"笔歌墨舞、合力扶贫——洛阳市美术家协会助力汝阳县脱贫攻坚大型笔会"，现场创作捐赠作品。

2020 年

2月·参加中国女画家协会"心系疫情防控一线募捐"，捐款一万元。

9月·参加"新丝路之约·致敬最美逆行人洛阳战疫文艺作品征集活动"颁奖典礼。

10月·在郑州与李铁映同志共同创作牡丹画作品一幅。

11月·参加洛阳市青年文学艺界联合会成立大会，任顾问。

2021 年

2月·受聘为第七届洛阳市美术家协会名誉主席。

4月·举办"盛世绣色——王绣牡丹画扇面精品展"，展出精品四十八幅。

·应上海市政府邀请，为上海世界会客厅创作作品一幅。

·参加洛阳书画院"庆祝中国共产党诞辰一百周年暨洛阳书画院成立二十周年书画展"。

6月·参加"庆祝中国共产党成立一百周年"中国画百米长卷《河洛儿女心向党》创作。

7月·参加"同舟共济、艺力抗洪——洛阳市美术作品义捐义卖"活动，捐赠一幅四尺斗方牡丹画作品。

·与文柳川、张建京合作，为牡丹博物馆创作丈八牡丹画作品《盛世花开》。

8月·为（中国）隋唐大运河文化博物馆创作巨幅牡丹画作品一幅。

11月·受洛阳市文联委托，与张建京合作画作《期颐天香》，为著名戏剧表演艺术家马金凤庆贺百岁寿辰。

·开始编撰图书《王绣画集》《天香如绣——王绣艺文六十载》，并筹备 2022 年个人画展。

2022 年

3月·出席第十三届全国人民代表大会第五次会议。

4月·入选"中原风范"河南省美术界代表人物作品展。

·参加龙门石窟保护与修复评审会。

5月·参加由洛阳市文联主办的"纪念毛泽东主席延安文艺座谈会讲话发表八十周年"座谈会。

·参加洛龙区、老城区文明实践活动"文化进社区"义务辅导培训。

7月·出席洛阳市文联第七届四次全委会（扩大）会议。

关东女

王绣

王绣私印

王绣写意

后记
POSTSCRIPT

我已经八十岁了，这是"杖朝之年"，在古代，是可以拄着拐杖上朝的。早几年，母亲和朋友就劝过我，说是把故旧、师友、学生、晚辈们写我的文章梳理一下，出版这样一本集子。稿子已经整理了不少，但一直未提上日程。

去年深秋的一个上午，张建京来工作室看望我。他是现任洛阳市美协主席、美术馆馆长，又是我的学生，于公于私都是无话不谈。聊起我 2022 年的画展，他就劝我再出版一本画集和艺文集，与展览同步，也算是对自己六十年艺术生涯的一个小结。我同意了，并委托他和王小朋负责此事。

书稿很快就筹备齐了。中国国家画院院长卢禹舜先生秉笔作序，陈钰铭、孔紫、刘杰等同道师友应邀发来文章，让我非常感动，其中的真知灼见，令人涵泳再三。我的亲友、同学、少年玩伴也纷纷发来文章，他们大多与我年龄相仿，一直互相牵挂。看到这些简单而温暖的文字，我内心充满了幸福感。书稿中，朋友、同事、学生和晚辈的文章占据了大多数。他们总是不吝溢美之词，让我汗颜之余，平添了几分前行的动力。

特别值得一提的是，老市长刘典立等几位领导也专门写了回忆文章。回望来路，每遇人生坎坷和工作困境，总有他们倾力相助。正是因为有了他们，才成就了我的今天。

何水法、霍春阳、江文湛、陈永锵等画坛老友事务繁忙，无暇成文，但是也都发来精短而珍贵的文字，点评我的作品。一一读来，仿佛相对而谈，如沐春风。我把这些文字收入《王绣画集》的"集评"之中，作为对自己的鼓励。

翻检这些作品，如同翻阅自己的人生路程。"寒来暑往，秋收冬藏。"想起儿时背诵《千字文》的情境，恍然惊觉，这一段旅程，恰如一年中的四季轮回，春生夏长，秋收冬藏。

在哈尔滨度过了美好而又充实的童年、少年、青年时光，立下了"做画家"的志向，考入哈师大，顺利完成了大学学业，自此绘画与我终生为伴。此可谓春生。

南下洛阳，就职于文博系统。从美工做起，参加多次考古发掘，临摹、绘制了大量考古遗迹、遗物图像，出版了多部文物专业书籍。在王城公园，一见到盛开的牡丹，立刻钟情于此，工作之余流连花丛，长年写生，尝试用水彩笔法融合国画，展现牡丹风姿。此可谓夏长。

担任洛阳博物馆馆长，首开外展先河，多次获得国家文物局的奖项，并竭力将三百余件文物保留在洛博。担任市美协主席，促进洛阳牡丹画派的形成，推动牡丹文化产业的发展。搭建了与全国各地及海外城市之间的沟通桥梁，扩大了洛阳文化的国际影响力，提升了洛阳城市的美誉度。此可谓秋收。

退休后，原本打算倾心创作，又感谢组织的信任，担任两届全国人大代表。兢兢业业于参政议政，为文化繁荣和产业发展建言献策。在艺术追求上，依然不敢懈怠、积极探索，不断参加学术性、全国性的艺术活动，参与国际友好文化交流。支持洛阳美术事业发展，奖掖后学，激励青年艺术家成长。热心公益事业，奉献爱心、回馈社会。此可谓冬藏。

八十载漫漫岁月，六十年艺术追梦。一路走来，往事萦怀。最需要感谢的是父母对我的养育、丈夫和家人以及亲朋好友对我的支持。

中国国家博物馆的霍宏伟帮我联系并选定了文物出版社，该社王戈主任主要负责本书。建京牵头组成了专门的编校团队，王小朋等团队成员均一一列在编委会中，在此一并感谢。

人生琐碎，篇幅有限，一些朋友和故事未能在书中一一提及，不免心下惴惴，多有歉意。然往事历历，仍感怀心间。

王　绣

2022 年 1 月 8 日